半小時
漫畫中國史3

隋唐盛世多風雲

陳磊（二混子）——著

總序

如果懂得更多一點，看世界的眼光就會不一樣

　　二十歲之前，我是不看歷史的。我接受過完整的國高中歷史教育，但對此毫無興趣，唯一記得住的歷史事件是一八四〇年的鴉片戰爭，因為數字還算好記；至於我為什麼通過了那些年所有的考試，我只能說，團隊的力量是無窮的……

　　現在的我張口就可以噴出一堆年代來，比如：西元六一八年唐朝建立、一三六八年到一六四四年的大明朝、一〇九六年到一二九一年的十字軍東征、一三三七年到一四五三年的英法百年戰爭等等，偶爾在飯桌上小試身手，驚起一灘鷗鷺。

　　這當然應該歸功於我二十歲之後對於歷史的喜愛，雖然還沒愛得死去活來，但有問題沒搞明白時，我總會茶飯不思，這讓我有足夠的動力來了解更多的歷史知識。

　　不過我要說的不是這個，而是同樣的歷史，二十歲之後的我為什麼會如此感興趣？不管你信不信，原因是：二十歲時我在上大學，大學沒有歷史課。

　　我絕無意否定我們的歷史課教育，它普適、嚴謹，對於大

眾基礎教育來說，已經做得夠好了。我只是在想，能不能做到更好？如果跳出課堂，歷史會變成什麼樣？還會這麼高冷嗎？

我一直認為，一個人能把一門知識學到什麼程度，關鍵取決於他到底有多感興趣，除此之外都不太靠譜。

歷史是非常有趣的，我們先不談它到底能不能帶我脫離低級趣味、變身為純粹的人；光是通過它，就能讓我們忽然對世界恍然大悟這一點，便使我如痴如醉地迷戀。好奇心被滿足的一剎那，成就感爆棚，就是這麼簡單原始的快樂。但是在課堂上，它的表現經常不是這樣：它只是一門課程，學習它不是為了快樂，而是為了準備考試。

那麼問題來了：如果學習一件事情的主要途徑是死記硬背，誰會對它感興趣？後來我憑自發的興趣了解了歷史，你猜是因為什麼？

不管你信不信，是一個二戰題材的電腦遊戲。那是個極有趣的遊戲，可我發現我只懂傻乎乎地開槍，對於遊戲裡的人物、地名、時代背景毫無了解，於是我開始翻看二戰的歷史類書籍。結果發現，我不得不惡補一戰的歷史，才能看懂二戰；同樣地，如果不繼續往前了解，一戰的歷史仍然看不懂。我就像被好奇心牽著鼻子走的牛一樣，一點一點地往前學習，終於有一天，我發現我腦中一直混沌不清的那些歷史概念，變成了一根根簡

單清晰的脈絡；那些發生在身邊、很難理解的事物，在歷史上忽然都有了淵源。人對世界的困惑源於無知，如果懂得更多一些，看世界的眼光就會不一樣，這是知識的力量。但如同我因為電腦遊戲而迷戀歷史，你最好也能找到你的興趣所在。

這個學習的過程相當痛苦，我常常看到後面忘了前面，在無數個人名、地名之間顧此失彼，可是我最終都能把它們摸得還算透澈。不是因為要考試，也沒有人逼我，而是因為這實在太有趣了，我在課堂上從來沒發現歷史這麼有趣，我覺得我必須了解它。

所以發現問題在哪裡了嗎？歷史還是歷史，我們為什麼不讓它變得更有趣呢？

「半小時漫畫中國史」系列就是這種嘗試下的產物。我從相當枯燥的歷史類書籍裡學習到了很多知識，但我想並非所有人都有耐心和興趣這麼做。大家都活在這個時代的移動互聯網和碎片時間中，閱讀成為一種奢侈，可是知識從來都是不可或缺的剛性需求，不是嗎？很幸運的是，我從小愛畫畫，於是我有機會用更有趣的形式把這些知識表現出來，精心設計了大量漫畫、笑話和比喻，就為了能在尊重事實的前提下，把沉重的歷史變成一段段活潑的小品，在最大程度上吸引讀者。這個系列誕生於網路，獲得了許多網友的喜愛。他們說，在哈哈一笑

的同時，不知不覺地就懂了更多。這對我是前所未有的鼓舞，讓我堅信自己正在做一件意義重大的事情，今天這些內容變成帶著墨香的白紙黑字，看上去更加健康，也不用帶行動電源。

有必要說明的是，「半小時漫畫中國史」系列著重於從紛繁複雜、事無鉅細的歷史中抓出清晰的大脈絡，因此有很多無關的歷史細節被我有意略過，以免導致訊息冗雜而產生學習負擔，不是我偷懶。所以建議大家把這個系列看成了解歷史的入門內容，先清楚了歷史主幹，再去深入了解每一段細節，就會變得更輕鬆。

最後，我只是個愛好歷史的年輕人，還沒來得及積累深厚的歷史文化底子。在這裡感謝所有前人留下的智慧積澱，讓我在各種閱讀和學習中總結歸納出書中的內容，也感謝出版方的朋友們精心校對與為之付出的所有心血，但正因為是自己總結，難免出現謬誤和不嚴謹，貽笑大方，如果大家發現之後能給予提醒糾正，我將感激不盡！

一、南北朝裡多敗家

——幾年換一風，歷史噌噌向前衝

大漢王朝以來，中國歷經三國兩晉南北朝，狀態一直是：

萬碎萬碎萬萬碎！

這段亂世號稱歷史巨無霸、考場老大難❶，其他朝代都是送分，漢朝一過，開始送命。

> 碰到送命題，先不要緊張，仔細回想一下課堂上的內容……

好在本階段亂世終於到了尾聲，這就是咱們今天的主題：

南北朝

溫馨提示：
南北朝不是一個朝代，而是一堆朝代的合稱……

故事是這樣的，記得**東晉** & **五胡**嗎？

南方非著名草根**劉裕**推翻了東晉，從此歷經**宋、齊、梁、陳**四個朝代，統稱**南朝**。

注意：這裡的**宋**和**大宋王朝**一點關係都沒有。

幾乎同時，北方的鮮卑人**拓跋家族**，把五胡統一收拾起來，建立**北魏**，然後「吧唧」裂成東西兩半，各自發展，統稱**北朝**。

再簡單點，就是這麼個過程：

所以天下依舊是「劈啪」兩半，南北各自換了房東而已。

別人家的朝代都在一級菜單 ❷ 裡，
南北朝裡的朝代只能混下拉列表。

　　東晉末年有人造反，劉裕跑來幫老大平叛，結果一不小心就厲害大發了。劉裕剛要篡位，算命的說：哥你別急。

　　於是他只能手動捧兩個司馬家的人當皇帝補齊，然後趕他們下來，最後才建立南朝宋。

　　北魏和**南朝宋**，一開始掐架 ❸ 很積極，都想吞掉對方統一中國，結果呢？

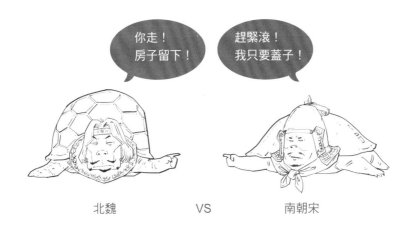

北魏　　　　　　VS　　　　　南朝宋

　　烏龜王八對著幹，誰的蓋子都搶不走。

　　於是懶得打了，各自改朝換代，雖然沒事還是要經常出來PK，但總體上南北始終保持對峙。

　　　　　　　　　　所以我們基本上可以把南北方分開單獨了解。

南北朝有個特點：

敗家子太多，朝代不夠用

此階段盛產國家級敗家子，品種全、產量高，一代坑五代。所以說，是那些賢能英明的皇帝推動了歷史——

嗎？

別扯犢子❹了！一個朝代一杵幾百年，電線桿子似地，歷史的輪胎都瘪完了，還怎麼向前？所以皇帝，我選爛評的，更新快、效率高，一代敗不光，下代免費再敗，敗完為止，保證幾年換一風，歷史噌噌❺往前衝。

先說北朝。

北魏，發生過兩件大事，第一件事是**漢化**。

北魏皇帝是鮮卑人，姓**拓跋**，幾代過去，到拓跋宏的時候，無比崇拜漢文化，帶著全國積極學習，從吃喝拉撒到思想文化，全部**改成漢族的風格**，還硬把首都從北方的大同遷到中原**洛陽**。

漢化過程中，很多鮮卑姓都改成了漢姓。比如「**拓跋**」就改成「**元**」，「**獨孤**」改成「**劉**」等等。

拓跋（元）宏就是著名的北魏**孝文帝**。

第二件事是**敗家**。

元家又過了幾代，開始跑偏，最後討債的來了 —— 元脩，這個皇帝其他本事沒有，泡妞的本事是到家了。什麼叫泡妞的本事到家？就是泡的都是自己家的姐妹。

宰相**高歡**要管教他，他就逃到另一個大臣**宇文泰**那裡求保護。結果高歡也不是吃素的，立刻又捧了一個皇帝出來。這下好了，兩個大臣人手一個皇帝。

宇文泰在西邊，高歡在東邊，於是北魏分裂成了**西魏**和**東魏**。

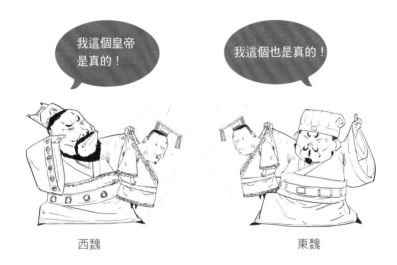

西魏　　　　　　　　　　東魏

　一般拿皇帝當吉祥物的，最後都憋不住要自己上。果然沒幾天，宇文家和高家乾脆把皇帝們踹飛，自己上位。

　於是西魏、東魏雙雙改朝換代，變成了**北周 & 北齊**。

北周　　　　　北齊

注意：
宇文泰和高歡沒有親手趕皇帝下來，都是打
好基礎讓兒孫上。
這就是中國歷史上篡位的慣用技巧。

寶貝，寶貝，我是你的大樹，
一生為你玩套路！

對，曹操、司馬懿他們都是這麼玩的。

再說南朝。

宋、齊、梁、陳四個朝代，關係很簡單：**挨個上**。

劉裕是個不錯的皇帝，但過了幾代也開始跑偏，出來個暴君叫**劉昱**。他的特點是動手能力強，而且沒什麼架子，事必躬親，不論是給人開瓢 ❼，還是拿錘子鑿人，都是親自動手。

據說他在馬路上沒事還會拿槍去扎別人，非常荒謬，非常殘暴。

他還喜歡往人身上射箭，有次見一個胖子光膀子 ❽ 午休，一箭正中人家肚臍，還好小弟勸他套住了箭頭，理由是：胖子是一次性產品，變成死胖子以後就沒得射了。

　　可是胖子嚇尿了，原來被老闆撞見午休是會出人命的，他不幹了！這個胖子就是當時的高級幹部**蕭道成**。

　　蕭道成於是造反，劉**宋**變成了蕭**齊**。

沒幾年，南齊敗家子跟團來了，好幾代皇帝都是清一色的變態。比如**蕭寶卷**，他是個磕巴 ❿，說幾個字就要緩衝一下，但砍起人來很流暢。他最喜歡帶著小弟出宮壓馬路，但又討厭被圍觀，誰看他就砍誰。最關鍵的是他每次都行蹤飄忽，完全不按常理出牌，百姓躲都躲不及，走到哪，哪就死一條街。

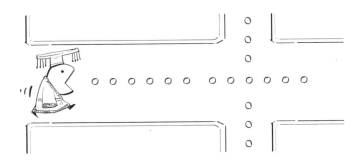

生意當然就更沒法做了，所以他逛一次街，就衝擊一次經濟。

他泡妞還下血本，把國庫的黃金刻成蓮花鋪在路上讓妹子走過，就為看她「步步生蓮花」。

　　砍人砍成渣，撩妹撩出花，於是乎，蕭寶卷終於把自己玩壞了。他有個遠房親戚叫**蕭衍**，推翻了南**齊**建立南**梁**。

你走開！

　　蕭衍就是著名的梁武帝，別人都是後代敗家，蕭衍不一樣，自己的家自己敗。他早期政績不錯，就是後來信佛信得太執著，出了三次家，讓小弟們贖回來三次，贖金全部都是皇家自付。所以說，遁入空門姿勢不對也是會夾腦袋的。

素質太低，跟他聊天還不如跟牆說！

達摩祖師就是那時候來中國的，跟他嘮了一會嗑 ⓫，估計被他的三觀 ⓬ 震撼到了，跑到少林寺面壁了九年才緩過來。

　　他也不怎麼會做人。北方的東魏來了個跳槽的將軍叫侯景，才沒多久，蕭衍就為了和談，把人出賣了。結果侯景發飆，把蕭衍困在城裡活活餓死了，史稱**侯景之亂**。

　　侯景亂是亂了，沒成功，讓蕭衍的小弟們揍飛了。小弟中有個人叫**陳霸先**，他看老東家一團亂，算是沒救了，乾脆自己上位。

於是**梁**朝又變成了**陳**朝。

經歷了宋、齊、梁、陳四朝，南朝基本上接近尾聲，陳朝又是其中最弱的朝代，沒多久就讓人給滅掉了。

因為真的碰上厲害人了。

咱們回說北方，**北周**宇文家 vs **北齊**高家，拚實力不相上下，拚運氣半斤八兩，最後只能拚誰敗家敗得少。

高歡自己很牛氣，可後代**高洋**、**高湛**、**高緯**都是清一色的男神經病，三位高姓男子都屬於靈魂病友，根本停不下來。

高洋喝多了就要殺人，喜歡的妹子也不放過，拿妹子的大腿骨做成琵琶，邊彈邊哭邊說妹子真可惜。

> 打仗這麼重要的場合，當然要美美的才行啦！

高緯打仗要帶小老婆，還得她化完妝出來觀看才開打。

> 多浪漫的男人啊！

他有個親戚，因為太優秀，功高震主，被他弄死了。這個親戚叫**高長恭**，對了，就是你們的男神**蘭陵王**。

別攔我，我要弄死他！

在高家幾代敗家子毫無保留地助攻下，宇文家終於勝出，**北周**又統一了北方，局勢變成了這樣：

北周

陳

　　家家都有敗家子，再厲害也逃不過，不信抬頭看，蒼天饒過誰。

　　宇文贇，北周皇帝，二十二歲就放空自己，早早身亡，兒子又小，權力不得不交給老丈人。但沒想到老丈人翻臉不認人，直接接管了北周，建立了一個嶄新的朝代：

隋

姑爺選得準，
人生第二春！

　　對了，這個老丈人就是大名鼎鼎的**隋文帝楊堅**。

　　楊堅雄才大略，又繼承了北周強大的國力，馬上就開始往南邊打，於是弱不禁風的陳朝馬上就滅亡了。

陳朝這時的皇帝是個婦女之友，叫**陳叔寶**，異常地浪漫，每天跟美女喝茶調情，隋軍打過來的時候他做鎮定狀說：「大家別怕，老子有妙計！」

然後帶著兩個老婆躲到井裡，差點讓隋軍給砸死。你看哥說什麼來著，又是敗家子。

　　陳朝到這裡就算退出歷史舞臺了，這也意味著中國這一階段的大分裂正式結束，由北邊的**楊堅**包了圓⑬，從此中國重新統一起來。這就是史上最偉大的盛世開端：**隋**。

二、隋朝二人傳

——一人創業一人敗家，爺倆一對寶

國家大到一定程度，一旦崩了，再統一回來就特別困難，不信你可以問問羅馬帝國。

羅馬從西元四〇〇年分裂開始，就一路破罐子破摔，摔出一整個歐洲，再也回不去了。

再比如印度，
乾脆就沒統一過幾年，
遠看是一個文明古國，

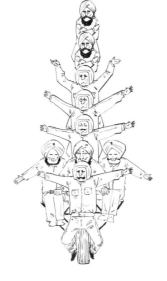

走近一看，
一群文明古國。

　　但中國不一樣，無論碎成什麼樣，總有一個最厲害的朝代能把大家重新融合起來，比如我們今天要說的——

隋朝

　　隋朝終結了幾百年魏晉南北朝**大分裂**，重新統一了中國，不過稱霸全國這種事情太傷元氣，是要付出一點代價的。

隋文帝建立隋朝，到兒子**隋煬帝**手上，就敗光了，所以整個隋朝，就是楊家爺倆二人傳。

先說楊爸爸。南北朝的時候，北周皇帝的老丈人叫**楊堅**，踹了外孫皇帝自己上位，再吞掉南面的陳國，從此統一中國。這就是**隋朝**，楊堅就是**隋文帝**。

當年北周封楊堅為**隨**國公，
但楊爸爸不喜歡這個**隨**，
於是改成**隋**。

楊爸爸是個不錯的皇帝，一上來就減稅輕刑、改革制度，帶領全國人民奔小康。魏晉南北朝連年戰亂、民不聊生，隋文帝一來馬上就變得富有又強大。

那究竟富到啥程度呢？

據說被兒子敗了家之後，一直到一百多年後的唐玄宗才又回到這個高度。

也就是說，
武則天兩個老公連軸轉，
最後自己擼起袖子加油幹，
也沒幹過這個姓楊的。

歷史上把楊堅開創的巔峰時期稱做**開皇之治**。

你也可以喊它**楊巔峰**。

眼看著劇情一路走高，別急，楊堅在巔峰的時候得了一種病，叫**妻管嚴**。

隋文帝治國有方，生活還特別節儉，後宮佳麗三千，但他只用一個：**獨孤皇后**。

我們不禁要問：為什麼一個皇帝，對感情能夠如此專一？因為獨孤皇后是個「好」老婆，經常用生命來感化他：

皇帝看上哪個姑娘，皇后就去把她砍了。獨孤皇后對愛情有著極度的潔癖，絕不允許老公有別的女人。

一個皇后憑啥這麼強勢？

因為她一個人就給隋文帝生了十個孩子……

獨孤皇后也因此榮獲混子曰頒發的史上最環保皇后，因為感覺她在世的任何時候——

都是可再生的

這麼多孩子裡，我們來說兩個。

老大**楊勇**，太子，人品不錯，但喜歡拈花惹草。

這種性格是他娘最痛恨的，因此有一天聽說太子居然謀反，皇后就跟皇帝順勢把他給貶掉了。

二兒子**楊廣**，跟他哥不一樣，生活非常節儉，除了老婆，完全不近女色，無論對誰都特有禮貌，簡直就是兒子中的金蟬子❶。

皇后就喜歡這個兒子，最後跟皇帝一商量，換他當了太子。

獨孤皇后不久就掛了，隋文帝憋了許多年，終於開始玩命寵愛小老婆。可就在他生病快死的時候，有個小老婆跑進來喊：

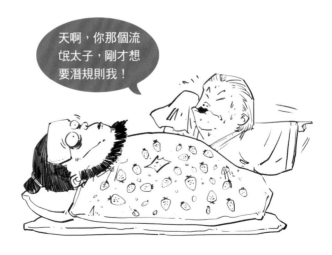

　　楊爸爸這才猛然醒悟：楊廣，這個好兒子全是裝出來的，連當年太子楊勇的謀反也是他陷害的！

　　原來這麼多年來，他才是憋得最狠的那一個！

好一個中華鱉精！

　　於是大罵：

獨孤誤我！

　　可是已經晚了，楊廣衝進來控制住局面，最後順利地坐上了大隋朝的皇帝寶座。

錘你胸口錘你胸口錘你胸口錘你胸口……

傳說中，楊廣就在此時派手下襲胸殺死了自己的老爹，並睡了他的小老婆。

這就是憑一己之力毀掉老爹基業，把楊巔峰變成楊白勞的**隋煬帝**。

隋煬帝大家都有耳聞，據說好大喜功又殘暴，幾乎趕上董卓了。不過事情都有兩面性，如果我們能客觀地看待隋煬帝其人，你會發現：

他長得還是挺帥的。

隋煬帝聲名在外，因為他做了許多事，我們挑兩件最重要的說說：

一、隋朝大運河

楊廣上臺之後，把首都定在了**洛陽**，可是這裡並不是他最喜歡的地方。

偽裝成禁慾系男神多年，楊廣一當上皇帝，立刻就要展示真我風采。他有兩個愛好：**約架 & 約會。**

可是打仗一般在北方（北京），泡妞一般在南方（揚州），在中間的洛陽能幹嘛？

於是隋煬帝一拍大腿，發動了幾百萬農民工，從洛陽挖了兩條河，一條直通北京，一條直通江浙。

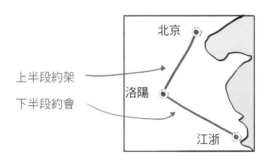

這樣一來，形成了一條以洛陽為中心、貫通中國南北的大通道，從此南北方交流賊 ❷ 方便。這就是**隋朝大運河**。

從此隋煬帝沒事就往揚州跑，每次都拖家帶口，沿途大張旗鼓，還要好吃好喝地伺候，勞民傷財。

這條運河耗費了無數老百姓血汗，既讓隋煬帝成功地約到了江南妹子，又給國家帶來了巨大的便利。

注意了，江浙地區不光有妹子，還是魚米之鄉，大運河可以輕鬆把糧食運到首都和北方戰場，是真的利國利民。

其實隋朝大運河並不是從零開始挖的，大多是在原有河道上連接改造來的，挖完之後大家又改了改，就變成了今天著名的**京杭大運河**。

為此老百姓還特意創作了讚揚隋煬帝的歌曲，在民間傳唱：

感謝風，感謝雨，

感謝楊廣，讓我們相遇──

所以我們不能簡單片面地評價隋煬帝，畢竟你們在
工作的時候想著泡妞──
而他卻在泡妞的時候堅持工作。

二、三征高句麗

隋煬帝好色最出名，傳說全國有十五萬妹子都是他的人。

全中國到處都是自己老婆，這是一種什麼體驗呢？

但這不足以滅國，反而成就了大運河。真正斷送了隋朝的，是他嘴賤，問人家**高句麗**：

約嗎？

那時有個橫跨今中國東北地區和朝鮮半島的國家，叫高句麗。

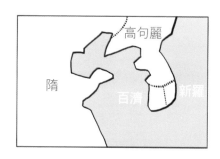

在隋文帝的時候，高句麗就經常騷擾邊境，到了隋煬帝的時候，國家有錢了，正好想找人炫耀一下，於是隨便找了個碴，派人去讓高句麗來朝貢：

來我辦公室一趟，我跟你談談。

結果高句麗國王說：

不約，
叔叔我們不約。

就因為這句「不約」，隋煬帝開始了三征高句麗，每年一次，打了三年，每一次都毫無保留，興師動眾，結果每次都沒收成，還賠進去無數條人命，直接把國家拖垮了。

關鍵是，隋煬帝不知為啥，對這事特別上心，每次打仗他都要親自去。

結果就是，只要他一出門，國內就造反，因為大家實在受不了這麼打仗了啊！有一次他差點就攻破了高句麗的城牆，結果國內又反了，只好吭哧 ❸ 吭哧跑回家，兩邊虧。

折騰了三年，年年準時來打，這沒完沒了的，就連高句麗也受不了了。

高句麗想了想，算了，給隋煬帝認個慫 ❹ 吧。隋煬帝高興了，說既然你態度這麼好，之前的事咱們就不追究了：

來我辦公室一趟，我跟你談談。

高句麗國王十分感動。
然後又拒絕了……

說實話，這個時候，我要是楊廣，我也得打他丫的 ❺ ……

隋煬帝見多識廣，也沒見過這麼賤的傢伙。對於愛面子的他來說，這太傷自尊了，說啥都不好使，準備第四次出征。

　　那麼問題來了：挖運河和三征高句麗已經快讓老百姓死絕了，全國各地都在造反，國家實際上已經崩潰了。

　　就在這個時候，一個小弟瞅準時機反水 ❻，把隋煬帝縊死了。他就是隋煬帝的小夥伴**宇文化及**。

　　當時楊廣正躲在揚州吃喝嫖賭，因為北方已經到處在造反。他自己也感到時日無多，喝高了還要對著鏡子說：天啊又帥了，這頭不知道會被誰砍掉呢。

最後這位生前享盡人間浮華榮耀的隋煬帝，死後連口棺材都沒有，草草地埋掉了。

　　一般皇帝一死，天下就要鬧騰一陣，大家都要來爭皇帝。宇文化及弄死了隋煬帝，以為可以順利上位，哪有那麼便宜？

三、隋唐英雄傳

——一個皇帝倒下去，千萬草根站起來

隋煬帝剛剛死在揚州，一個姓李的就在長安建立了唐朝。

史上最偉大的唐朝，就這麼開始了？

別急，一個皇帝倒下去，千萬個草根站起來。面對一個新的就業機會，所有有夢想的人都瘋狂了：

我知道我一直有雙隱形的翅膀
帶我飛給我希望

當時全國有無數個團隊冒出來造反，**李唐**只是其中一個。要想稱霸全國，老李家還得收拾掉其他鬧哄哄的競爭者才行，這個過程就是咱們這章要扯的——

隋唐英雄傳

這段英雄互掐的歷史衍生出無數精采的演義，比如著名的英雄No. 1：

錘哥——**李元霸**

他力大無窮，每天拿著兩個四百多斤的錘子走來走去，打仗全靠慣性，一下午能幹掉一大片地方。

但李元霸最喜歡的是用手撕人，那這大錘子是用來幹嘛的呢？有一天，因為智商不足，天上打雷把他嚇蒙了，然後他舉著錘子罵天，結果被電死了。

所以錘子是用來罵天的嗎？當然不會這麼簡單，美國的**富蘭克林**在十八世紀開始用風箏來探索電──

而咱們中國的李元霸，**一千多年前就已經玩上無線電了。**

這麼厲害的李元霸只有一個缺點：他只是個虛構人物。

我們再來聊聊英雄 No. 2：
宇文成都

呃……沒關係，還有好多英雄……

裴元慶

雄闊海

羅成

好吧，很遺憾，那精采至極的《隋唐演義》，
除了「**下回分解**」四個字，許多都是假的。

那真實的歷史是什麼樣的呢？

讓我們回到隋煬帝還活著的時候。一般別人家的朝代，皇帝死後大家才開始造反，而隋煬帝實在太能折騰，所以還在皇帝龍精虎猛的時候，下面就已經有人等不及了。

一、登場人物介紹

誰這麼大膽？滿大街都是，不過阿貓阿狗我們就不介紹了，先說三個。

河南有個**李密**，領導著一個著名的山寨——**瓦崗寨**，這是個民間草根聚會，跟水泊梁山一個意思。

程咬金和秦瓊這些傳奇英雄，都當過他小弟。

河北有個**竇建德**，農民出身，早就受不了隋煬帝又挖運河又打仗的，也建立了自己的團隊，是另一個草根聚會。

難道只有草根才能造反嗎？
不！山西就有個人發出吶喊：

草根山寨，
寧有種乎？

這人叫**李淵**，當隋煬帝在揚州浪裡個浪 ❶ 的時候，他千里迢迢跑到長安，去找隋煬帝的孫子，然後立他當了皇帝。

注意：歷史上一旦有人把皇帝家的孩子拎出來再立一個皇帝，這就是準備奪權了。就像給汽車換胎一樣，得找個東西頂一陣。

你看，這小皇帝跟千斤頂長得多像啊？

好了，說完這三位，忽然有一天，全國被一則新聞刷屏❷了：

震驚！皇帝死於揚州！
宇文化及竟幹出這樣的事！

　　隋煬帝被他的貼身小夥伴宇文化及絞死了，天下徹底大亂，局勢又發生了變化，除了上面三位，又來了兩位。

　　宇文化及，隋煬帝的護衛隊長，人品差得沒法看，楊廣在揚州吃喝嫖賭的時候，他看隋朝沒救了，乾脆就把楊廣弄死，然後把他姪子找來，也立了一個新皇帝。

　　另外在首都洛陽還有個人，叫**王世充**，他本來是替隋煬帝鎮守首都的，結果隋煬帝一死，他也乾脆放飛自我，找來隋煬帝一個孫子，扶植成皇帝。

大家好，
我是王世充。

李淵、**宇文化及**、**王世充**三人發現大家人手一個小皇帝，沒啥用，於是乾脆都把小皇帝踹了，開始自己上陣。

李淵就在這個時候建立了**唐**政權。

三人先後扶植並踹了小楊皇帝，然後自己稱帝，李淵建立**唐**，宇文化及建立**許國**，王世充建立**鄭國**。嚴格地說，三個小楊皇帝全部被踹飛之後，隋朝才算真正終結。

　　隋唐英雄千千萬，但以上五個人差不多撐起了整部戲，隋煬帝死的時候，局勢大概是這樣的：

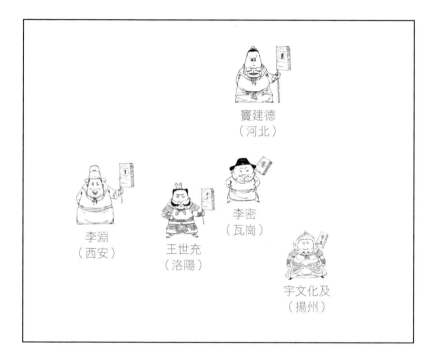

李密、**寶建德**兩個民間高手以及

李淵、**王世充**、**宇文化及**三個失足官員

他們的實力排名大概是這樣的：

宇文化及名列第二

其他四位並列第一

記住這五位了嗎？我們開始說劇情。

二、故事是這樣的

咱們從李密開始說，再一次把時間撥回到隋煬帝還沒死的時候。

李密這人本事很大，但人品很差，本來只是瓦崗寨的插班生，老大**翟讓**看他會打仗，把位置讓給了他，結果李密怕翟讓反悔，反過來把人家給砍了。

隨後李密帶領瓦崗寨，經常追著隋軍暴打，最厲害的時候，同是草根起義的竇建德發來賀電：

後來宇文化及弄死了隋煬帝，李密很高興，「終於有人比我人品還差了」，趕緊跑來伸張正義，見面開始打嘴炮：

「卿本匈奴……受隋室厚恩……主上失德，不能死諫，反因眾叛，躬行殺虐……天地所不容……速來歸我！」

宇文化及很生氣，說：

滿嘴順口溜，瞧把你行的❸？

然後就被李密打成篩子了。

明明有輸有贏，結果他倆誰也沒幹死誰，都死別人手裡了。宇文化及打了一半逃了，路上碰見竇建德，被砍了。

李密回到瓦崗寨，又被王世充打敗，然後跑去投奔李淵，結果寄人籬下還不老實，被李淵給砍了。

傻了吧？
來，混子哥給你畫張圖：

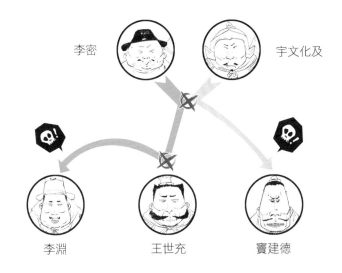

好了，現在剩下三個重量級選手：

王世充基本上也是個爛人，竇建德人品最好也最憨厚，李淵最狡猾，把身邊阿貓阿狗收拾完，就窩在西北默默地積攢實力。

中國的西北地區是個很神奇的地方，中國最強大的朝代周、秦、漢、唐等，都是在西北出頭的。

看到中原局勢差不多定了，李淵派兒子李世民出來掃貨。

第一個目標就是**王世充**。老王這時候在洛陽自己當皇帝玩，結果業務不熟，搞得焦頭爛額，根本就不敢出城打仗，洛陽城被李世民圍得飯都沒的吃了。

李世民圍攻洛陽的時候，要先對付王世充的姪子王仁則。他的地盤上有座寺廟，叫少林寺，平時常被王仁則欺負。

有十三個和尚一商量，乾脆綁架了王仁則送給李世民，這件事被稱為「十三棍僧助唐王」。

王世充被圍得受不了了，只能厚著臉皮向河北的竇建德求救。

竇建德這個人，本來瞧不上王世充，可是想到王世充要真被李淵幹死了，自己也跑不了，最後還是決定拉他一把。

李世民聽說東面的竇建德正在逼近，感到形勢有點不妙，於是兵分兩路，一半繼續圍洛陽，自己帶一半去堵竇建德。

然後在虎牢這個地方打了一仗，這就是著名的**虎牢關大戰**。

在虎牢關，李世民佯裝跑出去放馬，竇建德以為有機可乘，傾巢出動，誰知李世民早就偷偷回來了，竇建德大敗。

李世民把竇建德拎到洛陽城下，王世充一看，完了，投降吧。

本來老李家這次只想收拾王世充一個，竇建德以後再說，誰知道竇建德積極配合，一炮兩響，天下忽然就平定了！

　　竇建德和王世充算是李淵最大的競爭對手，雖然全國各地還有許多勢力存在，但後面很快就被一一搞定。到了這裡，真正的大唐盛世，就要來了。

四、隋唐英雄外傳

——學好數理化，不怕李元霸

　　隋末亂世，英雄輩出，大家耳熟能詳的就有一大堆，比如秦瓊、程咬金、羅成等。

　　但是在這些英雄中，有一位特別厲害，其他人加在一起，都打不過他一個。

　　這個人就是——**李元霸**。

生死看淡，
不服就幹！

人家本來叫李玄霸，據說後來到了康熙的時候，因為康熙叫做玄燁，所以為了避這個「玄」字的諱，就給改成李元霸了。

李元霸在古代隋唐的各種小說中打架都是最厲害的，尤其是在清代的《**說唐演義全傳**》這本小說中，簡直成了古代「龍傲天」❶。

那麼他到底強到什麼地步呢？

他一下午，

一個人，

錘死了一百二十萬人。

什麼概念？

混子曰：
辛辛苦苦好幾年攢了一百多萬粉絲，一下午就讓李元霸給錘沒了。

下面我們就來分析一下李元霸到底有多厲害。

我們印象中的李元霸，可能是孔武有力的漢子。

但是，其實他「面如病鬼，骨瘦如柴」。

書中形容他──
「面如病鬼，骨瘦如柴」。

不過別看人家瘦，力氣可大了，一手一個四百斤的大鐵錘。

不給糖吃就
錘你胸口！

四百斤的鐵錘是什麼概念？

《說唐演義全傳》這本小說成書於清代，我們就按清代的度量衡來算。

清代的一斤等於十六兩，一兩大概相當於現在的三十六點九公克，所以清代的：

1（斤）＝16×36.9＝590.4（公克）

換算成現在的計量單位：

400（斤）＝590.4×400＝236,160（公克）＝236.16（公斤）

舉重最高級別的男子抓舉世界紀錄為兩百一十四公斤❷，也就是說，人家大力士使了吃奶的勁才勉強舉起來的槓鈴，還沒李元霸耍著玩的錘子重。

而且李元霸不止這點力氣，只耍這兩錘子，是因為打凡人就夠用了。他號稱**四象不過之力**，啥意思呢？

在羅貫中的《殘唐五代史演義傳》中，對另一位大力士李存孝有如下形容：

存孝一臂有二萬五千斤之力，
兩臂有四象不過之勇。

也就是說，四象不過之力大概是：

$$25,000 \times 2 = 50,000（斤）$$

《殘唐五代史演義傳》成書於明代，跟清代的度量衡差不多，就還按之前的算法來算。

換算成現在的重量，就是

$590.4 \times 50,000 = 29,520,000$（公克）$= 29,520$（公斤）$= 29.52$（公噸）

亞洲象的體重大概是三至五公噸，我們按四公噸來算：

$29.52 \div 4 = 7.38$（隻）

也就是說，如果條件允許，李元霸能舉起七隻亞洲象，四象之力還是保守估計的⋯⋯

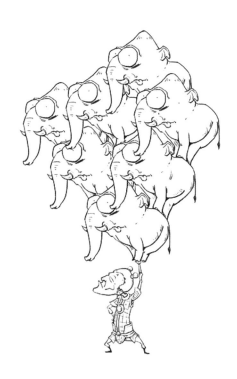

下面我們來做個對比，孫悟空的金箍棒——一萬三千五百斤（《西遊記》是明代作品，也按上面的度量衡來換算）：

$590.4 \times 13,500 = 7,970,400$（公克）$= 7,970.4$（公斤）

這麼看來，李元霸拿起金箍棒完全不在話下。

因為力氣太大了，所以李元霸特別喜歡手撕敵人。

比如隋唐十八好漢中的老二宇文成都、老六伍天錫，都是活生生被李元霸手撕而死。

　　還有一個問題：如果李元霸就是個步兵，一下午錘死一百二十萬人根本來不及；但如果他是個騎兵，拎著兩個那麼沉的錘子，還不得把馬給壓出屎來？

　　這裡我們就要說了，因為**李元霸的馬，比李元霸還厲害！**

飛一般的感覺！

　　李元霸的馬名為**萬里雲**，日行萬里，夜行八千，如果二十四小時不間斷地跑的話，能跑一萬八千里。

赤兔馬才日行千里，夜行八百，千里馬而已，跟萬里雲根本不是一個級別的。

那日行萬里是什麼概念？我們來換算一下。

我們按照明清時代的度量衡來推算，那時候的一尺大概是三十公分上下，一步是五尺，一里是三百六十步，所以：

1（里）= 0.3×5×360 = 540（公尺）

日行萬里，換算成現在的公里，就是——

540×10,000÷1,000 = 5,400（公里）

按照春分和秋分來算，白天和晚上一樣長，都是十二個小時，那麼如果萬里雲連續跑一個白天，牠的平均速度就是：

5,400÷12 = 450（公里／小時）

也就是說，**這馬跑得比高鐵都快！**

而且這只是平均速度，極限速度會更快……

所以你以為李元霸一下午錘死一百二十萬人靠的是錘子嗎？
太天真了！

都是撞死的！

像這樣一個人，根本沒人能打得過他，能贏過他的只有他自
己。

關於李元霸的死法，有很多種說法。

比如混子哥所說的**被雷劈死**，不過在《說唐演義全傳》中，
他死得更慘。

那是一個月黑風高、下著大雨的夜晚，李元霸被隆隆的雷聲震得煩了，於是舉錘罵天……

於是，天下無敵的李元霸就這麼被自己的錘子砸死了……

但是事情真的這麼簡單嗎？因為我很擔心，李元霸這麼大力氣，會不會直接把錘子扔出外太空了？

本著嚴謹的學術態度，我們還是要對這一事件進行還原。

下面我們要運用的都是
初高中的物理公式，
同學們坐穩了！

我們要算出李元霸能把錘子扔多高，也就是錘子走過的路程 **s**，就要利用加速度位移公式：

$$s = v_{max} \times t - \frac{1}{2} gt^2$$

g = 9.8N/kg 是固定的數值，所以我只須求出**最大速度** v_{max} 和**時間** t，就可以算出路程 s 了。

到底咋算呢？

共分三步！

第一步：求出 v_{max}

利用動量公式：$P = m \times v_{max} = F \times t$

錘子的質量 $m = 236.16kg$

四象之力 $F = mg = 29,520 \times 9.8$

我們假設他一秒鐘就把錘子扔出去了，所以 $t = 1s$

代入動量公式：$236.16 \times v_{max} = 29,520 \times 9.8 \times 1$

計算得 $v_{max} = 1225m/s$

第二步：求出 t

利用加速度公式：$a = (\Delta v)/(\Delta t)$

$\Delta v = v_{max} - v_0$，

因為初始速度是 0，所以 $\Delta v = v_{max}$

同理 $\Delta t = t$

a 就是加速度，也就是 g

代入公式可得：$9.8 = 1225/t$

計算得 $t = 125s$

第三步：計算路程 s

v_{max} 和 t 都有了，代入 $s = v_{max} \times t - \frac{1}{2}gt^2$，
計算得 s = 76,562.5m = 76.5625km

因為錘子很重，高空的空氣又稀薄，空氣阻力影響不大，所以就排除了空氣阻力的影響。

是你算不來吧！

那麼，七十六點五公里是多高呢？
我們來看一下大氣層的分布。

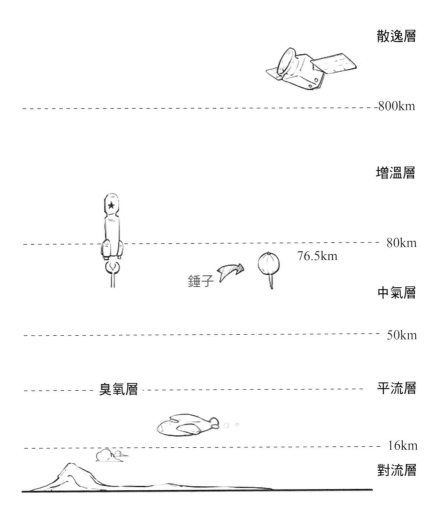

散逸層

- -800km

增溫層

- 80km

76.5km

錘子

中氣層

- 50km

臭氧層 - 平流層

- - - - - - - - - - - - - - - - - - - 16km

對流層

李元霸的錘子差一點就突破中氣層飛向宇宙了，
不過終究沒能逃脫地心引力，還是要掉下來的。

但是掉下來的，可就不僅僅是個鐵錘這麼簡單了。

錘子急速往天上飛，產生的熱量會將鐵鎔化，但是因為飛得太快，周邊的氣壓變高，所以鐵錘雖然鎔化了，卻還沒有散架❸。

而在回落的過程中又會吸附各種物質，同時平流層的溫度極低，會使錘子凝固，結果就是這錘子越來越大。

更恐怖的是，因為發生了各種各樣的反應，這鐵錘已經不是一般的鐵錘了，是**玄鐵重錘**了！跟一顆小型隕石差不多了！

所以，李元霸應該是這麼死的。

這樣你就可以理解小說中的描述了：

「那四百斤重的錘墜落下來，撲的一聲，正中在元霸臉上，翻身跌下馬來……又見一陣怪風，卷得飛沙走石，塵土沖天，霹靂聲中，火光亂滾……」

這顯然是隕石撞地球啊！

我只想說，古代人寫起小說來，腦洞真大！

五、貞觀開門紅

——喜歡被打臉的唐太宗

這一章我們開扯中國歷史的全盛時期：

大唐盛世

唐朝將近三百年，近一半時間是極盛狀態。盛到什麼程度呢？如果讓同時期的歐洲人都來首都長安轉一圈，可能會讓整個西方羨慕得眼冒金星、哈喇子❶滿地。

話說隋煬帝的大表哥李淵，造反建立了唐朝，這就是大唐開國皇帝──**唐高祖**。

男人一旦當上皇帝，麻煩的事情就來了：李淵選了大兒子**李建成**當太子，結果二兒子**李世民**不樂意了。

為了這事，兒子們分成兩派幹了起來：

老大**李建成** & 老四**李元吉**　　　VS　　　老二**李世民**

李建成爭太子，是因為善於處理政務，屬於**文可安邦**型。

李世民爭太子，是因為玩命打仗，屬於**武可定國**型。

李元吉是來打醬油❷的，跟著老大瞎興奮，屬於亦可賽艇（exciting）型。

　　兄弟們整天明爭暗鬥。有一天李世民向父親告狀，說老大和老四跟父親的小老婆有事。

　　李淵很生氣，喊他們進宮，誰知就在他倆進到北宮門——**玄武門**的時候，李世民埋伏在旁邊，射死了他們。

然後李世民衝進宮去，逼老爹把皇位傳給了自己，

終於華麗麗地變身成了唐太宗。

這個事件也就是著名的「玄武門之變」。

李世民幹掉兄弟還嫌不夠，繼續滅了他們全家，導致很長一段時間，晚上都睡不好，生怕鬼魂來討債。於是有兩個馬仔 ❸ 主動要求來給老大看門：

哥倆白天上班，晚上兼職當保安，後來實在扛不住，就讓人把自己做成畫像貼門上，發現辟邪的效果也不錯。

這兩人一個叫**秦瓊**，一個叫**尉遲恭**。這就是門神的傳說。

這個故事給了我們一個啟示：
為什麼你在享受生活的時候，
別人卻在通宵加班？
因為他們都長著辟邪的臉，沒有夜生活。

　　李世民殺了自己兄弟，逼老爹退位，怎麼看都不像個好人，可是這個沒心沒肺的男人，卻創造了唐朝第一個全盛時期，這段時期年號叫貞觀。這就是：

貞觀之治

我們今天就來簡單地捋 ❹ 一下，唐太宗在貞觀之治期間都做了些什麼。

一、要先做人

做皇帝沒有人格魅力，是成不了大器的，但應該怎麼辦到呢？李世民有一個祕密武器：**隋煬帝**。

這玩意怎麼用？很簡單，沒事掏出來看看就行。

　　唐太宗發現，就做人這方面，隋煬帝就是一本人肉錯題本，上面記載著幾乎所有敗家的招式，只要完美避開這些，一個好皇帝就誕生了。

　　比如隋煬帝剛愎自用，唐太宗就不，他每天鼓勵大臣們給自己提意見，就喜歡被「啪啪啪」打臉。

比如隋煬帝奢侈無度，唐太宗就不，住進隋煬帝的二手宮殿，也不裝修，直接拎包入住。

再比如隋煬帝的後宮鶯鶯燕燕，全是美女，

唐太宗就不，找的老婆都是這種陣容——

賢良淑德的
徐賢妃

明理大氣的
長孫皇后

還有一個
姓武的……

二、要懂得文治

　　唐太宗發現，隋煬帝人品不行，但是隋朝治理國家的方法還是挺靠譜的，比如三省六部制和科舉制，就是好東西。

1. 三省六部

　　「三省六部」就是皇帝下面有三個部門：中書省、門下省、尚書省。

　　其中尚書省下面有六個部：吏部、戶部、禮部、兵部、刑部、工部。

這種制度下，辦一件事的流程是這樣的：

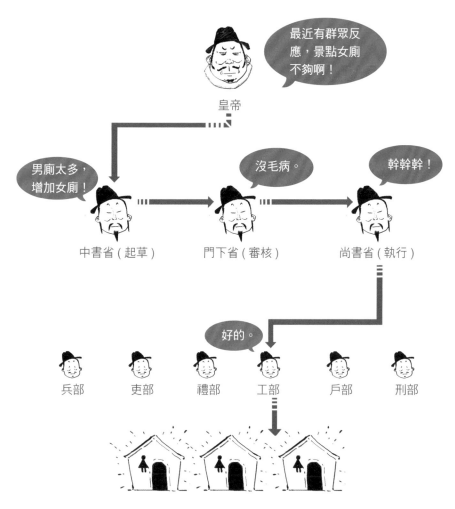

唐太宗覺得這個制度不錯，所有的決策都由皇帝、中書省、門下省一塊做，誰也不能說了算，包括皇帝自己。

2. 科舉

舉就是推薦。以前當官是不用考的，靠領導肉眼觀察人品才能，然後推薦上去就行。

這種制度下，誰最開心呢？

地主家的傻兒子。

到了隋朝，大家覺得這樣不好，嘗試改成靠考試來當官，窮人只要有學問，也一樣有機會，於是就出現了**科舉**。

　　唐太宗一看哎喲不錯哦，於是開始大辦科舉，**科舉制**就這麼從唐朝興盛起來。

科舉考點啥呢？古時候科學技術還沒那麼受重視，那就來點文化知識吧，於是大家都去鑽研詩詞歌賦，這就是唐詩興盛的原因。

科舉的意義在於，草根忽然有了逆襲的可能，這給國家各個階層都帶來了巨大的希望。

3. 文化交流

　　唐太宗重視文化教育和商業，大唐既有文化又有錢，全世界的人都喜歡來中國，西方人來做生意，東方人來留學。

　　最著名的當然是隔壁小兄弟**日本**，天天派遣唐使來唐朝，把能學的都學回老家，日本直接就成了唐朝的買家秀。

　　除了日本，大唐還認識了一個朋友，大概位置就是現在的西藏，當年叫**吐蕃**。

　　吐蕃的老大叫**松贊干布**，死活要娶一個唐朝公主。

李家溜溜滴大姐，人才溜溜滴好喲

太宗沒答應，他就開始騷擾大唐，太宗最後拗不過，就在親戚裡挑了個妹子嫁了過去，她就是**文成公主**。

　　這個文成公主信佛，隨身帶了一堆佛像，這一去就把咱們的漢傳佛教給帶進了西藏。

松贊干布不光找了大唐媳婦，還找了個尼泊爾媳婦，好了，兩個老婆都信佛。

文成公主帶去的**漢傳佛教**和尼泊爾公主帶去的**印度佛教**，再加上一些吐蕃自己的宗教，糅在一起就慢慢變成了今天的**藏傳佛教**。

漢傳佛教　　印度佛教　　　　藏傳佛教

　　不光輸出，別人有好的東西，大唐也很樂意接受。當年有個和尚叫**玄奘**，偷渡去印度學佛，回來太宗不但沒砍死他，還熱情地邀請他來朝廷任職。

三、強大的盛世當然還要靠打仗了

1. 打突厥

在歷史上很多時間，中國並不是東亞的扛把子❺，北方常窩著各種強大的遊牧民族，就像漢朝的時候有**匈奴**，而隋朝到唐朝的時候呢，有**突厥**。

所以看一個朝代厲不厲害，不是吹出來的，先跟北方幹一仗再說。

突厥是個很強大的民族，當時大隋北方一大片都是他們的。

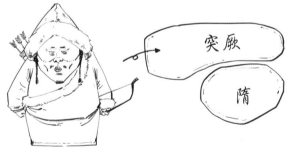

結果太大了，自己掰了，變成了**西突厥** & **東突厥**。

東突厥離大唐近，經常沒事就來騷擾，那年唐太宗剛剛上位，估摸著自己打不過人家，乾脆認個慫，親自跑去認人當大哥。

可李世民終究是李世民，哪受得了這種氣，國家一有錢立刻打回去報仇，直接把東亞扛把子東突厥滅了。

衝到北方去打敗東突厥的，是唐朝的大將**李靖**，對了，就是那個**托塔天王**的原型。

2. 打西域

還記得大漢王朝時候的西域嗎？

那是一堆小國家，常年夾在漢朝和匈奴兩個大佬之間充當緩衝區。

最後匈奴被趕跑，大漢也在後面慢慢衰落。

這堆小國家喜獲自由，終於開始奔向新生活。

結果沒高興幾年，大漢變成了大唐，匈奴變成了西突厥，西域又被夾在了中間……

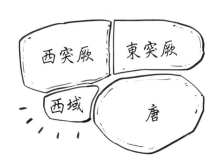

還是熟悉的故事，還是熟悉的力道。

西突厥當年跟東突厥掰了之後，來到了大西北，它和大唐都是大佬，全靠西域小國在中間緩衝。

西突厥慢慢耐不住寂寞，指使西域小國給大唐找麻煩，可是他們算錯了時間，這時候唐朝已經開始盛世了。

沒啥說的，大唐直接就衝過去把西域打得服服貼貼。

請注意，做為最強盛的朝代，漢朝和唐朝都收服過西域。漢朝打敗西域後，把他們當成小夥伴；而唐朝，直接把西域畫到了自己的地圖上，當成自己家人。

唐太宗對臣服的所有民族一視同仁，這是他做為皇帝最偉大的地方。

3. 打印度

　　印度是一個點背 **⑥** 的國家：

　　如果你稍微讀一點印度歷史，你就會發現，在歐亞大陸上，平均每過三個時區，它就要被打一次，比如**英國、希臘、阿拉伯、突厥**⋯⋯而到了東八區 **⑦**，**大唐**就是它的「主打哥」。

　　故事很簡單，唐太宗派一個叫王玄策的外交官過去串門，結果剛到印度，那邊就政變了，新的領導翻臉不認人，把老王關了起來。

結果老王自己逃出來，也不回國，直接跑到旁邊尼泊爾借了幾個人，跑回去揍了他們一頓，連政變都平息了……

揍他！連姓王的外交官都敢惹！

這個故事同時也告訴我們：
真正的老王，
是關不住的。

四、當然也是要犯錯誤的

唐太宗也是人，也是要犯錯的，比如他幹過一件挺沒品的事情，就是跑去史官那裡干涉對自己的紀錄。

再比如據**部分**史料記載，唐太宗晚年腦子也開始進水，一生病就想找長生不老藥。其實這也很正常，可是好歹找個中醫啊，為啥要找個印度和尚來煉藥？

果不其然，做為一個和尚，煉著煉著，職業病犯了，沒讓人長命百歲，直接把人給度了。千古一帝唐太宗一吃他的藥，就死了……

還是要專業
對口才行……

這只是唐太宗死因的一種說法，歷史上但凡厲害的皇帝比如秦皇漢武，都想過煉丹這件事，所以未必不可信。

唐太宗這一死，留下了許多未完成的工作。怎麼辦？沒辦法，留給兒子吧：

比如唐太宗只征服了西域小國，真正的大 boss 是背後的**西突厥**，留給兒子吧。

比如唐太宗也跑去打過高句麗，跟隋煬帝一樣，也沒收成，留給兒子吧。

反正都留給兒子吧……

六、武則天升職記

──三把火助攻，升天啦！

人類社會自古以來就有個臭毛病：性別歧視。比如女扮男裝，大家就會說你**真率、個性**。

而男扮女裝的話，大家就會說你：

真辣眼睛❶！

這種對男性赤裸裸的歧視導致了一個後果：

男人不能幹女人的事，而女人胸一裹，就敢當男人使。

所以女人跑去當兵、跑去掛帥；更狠點的，跑去當皇帝。
今天我們就來扯扯中國唯一一個女皇帝——

武則天的故事

一、升職記

女人要當皇帝，關鍵得看心有多大。心有多大，舞臺就有多大。
武則天十四歲進宮，她母親哭得稀里嘩啦，遭到了她的鄙視，她說：
娘你咋跟個姑娘似的？

武則天後來果然牛氣上了天，但除
了自帶的才能，她的飛升離不開李
家祖孫三代的助攻。

如果武則天上天坐的是熱氣球，那李家三代就是氣球裡的三把火，她的路徑是這樣的：

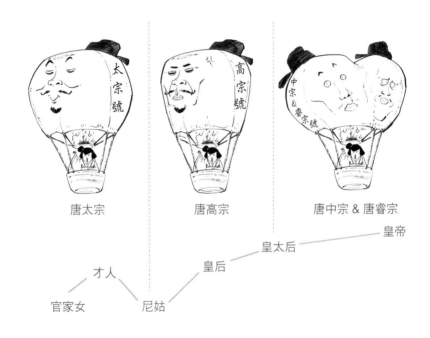

第一把火：唐太宗

武則天雖然從小就是富婆，但到底只是個普通的官府小姐，後來進宮做了唐太宗的小老婆，她的人生從此起飛。

武則天一入太宗的老婆團，就發現自己被坑了——級別太低了，叫**才人**。

來，我們來了解一下唐太宗的後宮，看看到底有哪些職位層級：

皇后

貴妃　　**淑妃**　　**德妃**　　**賢妃**

好吧，級別低沒關係，可以從基層幹起，結果一不小心被唐太宗看穿了勃勃的野心，所以太宗一直不怎麼喜歡她。後來太宗年紀到了就駕崩了。

唐太宗有匹烈馬，問大家應該怎麼馴服，武則天說不聽話就砍死牠，唐太宗並不喜歡這個答案，對武則天也一直不怎麼來電。

這時候武則天發現，才人最低的根本不是級別，是**性價比**。

進宮這麼久，可能跟太宗都沒怎麼見過面，太宗一死，還因為沒生孩子，被送到廟裡去當了尼姑。

唐太宗的助攻

普通妹 ⟶ 才人 ⟶ 尼姑

第一把火不但沒上天，還「咣噹❷」一聲砸地上。
唐太宗做為武則天的男人，可是把老婆坑慘了。

女人出了家，這輩子基本上就交待了，可是武則天不一樣，她的人生第二春正以每小時一百五十公里的速度向她駛來。
年紀輕輕被關進廟裡，怎麼才能出來呢？

第二把火：唐高宗

有些女人進了廟裡，需要動用一整個男團才能撈出來。

而武則天操作簡單，很容易上手，只需要一個男人就夠了，就是唐太宗的兒子——

唐高宗**李治**

命運早給武則天留了一手。當年唐太宗生病，武則天和太子李治一塊伺候，結果太宗病沒好，武則天和太子好上了。

爸爸，天氣涼了，要注意保暖啊！

李治上位之後，趕緊到廟裡把後媽同時也是老情人的武則天撈了出來。武則天一回宮就如魚得水，盡情施展心機和手段，很快就當上了**皇后**。

傳說武則天親手掐死了自己的親生女兒，嫁禍給當時的皇后，才使自己翻身做了皇后，當然這個故事至今仍然存疑。

按理說到了這裡，就是女人的人生巔峰了，可是武則天從來都以一個男人的標準在要求自己：她要搞大事，搞國家大事。

歷史上但凡女人能干政，肯定老公特別疼。

唐高宗就是疼人的典型，怎麼個疼法呢？

頭疼

唐高宗有種效果持久、特別強烈的頭疼病，工作經常需要歇息，一歇息就說：老婆你幫我看看，這事咋辦？

老婆，快！
快幫我批個奏摺！

武則天很有才，真能給皇帝出謀劃策。久而久之，高宗在工作上離不了她了，上班也帶著老婆一塊去。

老公，聽說一起工作可以增進感情呢！

天皇　　　天后

這種皇帝皇后排排坐的場景叫**二聖臨朝**，這就不是一般的皇后了，這是**超級皇后**。

沒錯，但這事主要看顏值。

胡扯！

都到這種級別了，人生還有上升空間嗎？

唐高宗說：妳別急，我有妙計，可以再推妳一把。

接著唐高宗咬了咬牙，雙腿一蹬，駕崩了，武則天成功升級成
皇太后。

唐高宗的助攻

尼姑 ━━━━━━▶ 皇太后

用生命把一個尼姑打造成皇太后，唐高宗榮獲史上最佳**婦女之友**。

溫馨提示：
唐高宗常常被認為很懦弱，但他統治期間，疆域達到唐朝最大。隋煬帝和唐太宗到死都沒搞定的高句麗，也被他拿下。所以高宗實際上是很有作為的。

　　武則天混到這個地位，離最終目標就差一步了，可是能幫忙的大咖都沒了，咋辦呢？武則天環顧四周：

　　哎，這不還有倆兒子能用嗎？

第三把火：唐中宗 & 唐睿宗

　　這兩個兒子一個叫**李顯**，一個叫**李旦**，都是武則天和唐高宗的兒子。

　　武則天先推李顯上去當皇帝，這是**唐中宗**；然後找個藉口把他踹了下來，再推李旦上去，這是**唐睿宗**。

　　這整個過程都是武則天在後面操縱，於是李家的親戚們不開心了。

　　於是各種造反，但最後全都被武則天按下去了，李家的勢力就這麼沒落了。

這個時候武則天的權力累積歷經了三個李家皇帝，她給自己起了個很響亮的名字，叫**武曌**（音同「照」），不過道上兄弟更喜歡稱她為**三李囧**。

　　武則天再也不想當太后了，她要往前站，所以乾脆又把李旦踹下來，自己登上了人生的最終高度：

皇帝

　　所以武則天的第三把火是她的兩個兒子，他們最終把老娘推到了男權世界的頂點。

唐中宗 & 唐睿宗的助攻

皇太后　　　　　　　　　　　　皇帝

二、女皇歲月

武則天當上皇帝，把唐朝改成了**周朝**，首都也改到了**洛陽**，號稱**神都**。

女皇帝上位，還是有點心虛，於是搞了點小動作。她讓自己姪子在石頭上寫**「聖母臨人，永昌帝業」**，然後從水裡撈出來，表示自己天上有人。

不過武則天之所以能千古留名，不僅是因為她當上了女皇帝，更是因為她把皇帝這事幹得比男人還專業。

政治上，武則天治理國家很有一套，非常開明，尤其會用人，只要有才就敢用。

她開創了武舉，練家子也有了出頭的機會，其中最著名的就是**郭子儀**。郭子儀武舉出身後開始當兵，幾十年後他幫武則天的孫子唐玄宗拯救了整個帝國。

給我一個機會，
還你一個明天！

武則天曾經弄死過一個政敵叫上官儀，後來發現他孫女很有才，直接拉來重用，這個姑娘就是**上官婉兒**。

軍事上，她打起架來也特別狠，尤其是對西域，這是帝國的西門，武則天把他們打得服服貼貼。

這個故事告訴我們，無論在什麼時候，懂點歷史都是有好處的。

一個西門家的人，幹嘛去惹姓武的呢？

所以武則天雖然是個女皇帝，卻沒有拖大唐的後腿，一樣的盛世景象。

當然了，武則天也有缺點，這個女人最大的缺點就是心狠手辣。她扎在男人堆裡當領導，很害怕有人謀反，所以她天天鼓勵大家告密。

只要是來告密的，朝廷一定五星級賓館招待，告對了重賞，告錯了沒事，再接再厲。

武則天還是歷史上第一個搞舉報箱的，就放在朝堂上。

於是社會上掀起**對武大姐說句心裡話**的舉報熱潮。

為此武則天還培養了一批爪牙，誰要是被告了，先大刑來上一套，沒事也給打成有事，這就是武則天時期臭名昭著的**酷吏政治**。

那要是酷吏自己被舉報了咋辦？請君入甕就是一個酷吏對對碰的故事，大家可以自行了解。

後來武則天年紀大了，終於發現，除了更年期，女人當皇帝還有個更頭疼的問題：

這皇位應該傳給誰呢？

兒子，姓**李**
從李家搶來的江山，又傳
給李家，感覺自己這麼多
年白幹了。

姪子，姓**武**
雖然姓武，但畢竟不是
親骨肉，總覺得哪裡有
點不對。

　　就在武則天差點要傳位給武家人的時候，有個人跳出來說話
了：「人家喊妳聲姑姑，妳就啥都給他？元芳❸你過來一下！」

這裡有個老阿婆，以為自己是小龍女，
你怎麼看？

　　沒錯，這個人就是宰相**狄仁傑**。

　　武則天覺得狄仁傑說得很有道理，竟無法反駁，於是決定把皇位傳給當初被自己踹下來的兒子李顯，也就是**唐中宗**。

　　你以為故事到這裡就完了？

　　雖然定了繼承人，但武則天這種 hard 模式通關的玩家，當然不可能輕易就把江山交出去，自己兒子也不行。

　　武則天要向世人證明：**雖然我老了，但我還很棒！**

然後她找了兩個小鮮肉男朋友……

這兩個小鮮肉就是買一送一的男寵兄弟：

張易之 & **張昌宗**

他們一方面幫武則天代理朝政，一方面向世人證明武則天**確實很有魅力**！

　　有兒子不用，卻找兩個小鮮肉來搞管理，大家實在看不下去了，於是一個叫**張柬之**的老臘肉宰相帶著小弟，衝進來剁了小鮮肉，逼著武則天趕緊退位。這個事件叫做**神龍革命**。

　　就這樣，武則天過了一把皇帝癮，最終還是把大權還給了李家。

武則天被踹下來的時候，已經八十多歲了，想想自己也該消停了，於是平心靜氣地走完了最後的人生。她可能是覺得這一輩子都沒好好當過一次女人，所以最後選擇跟她的真愛唐高宗葬在了一起。

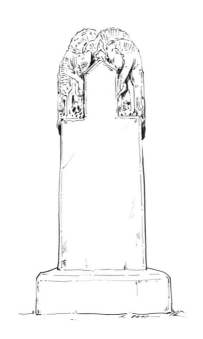

混子曰：
武則天幹得最酷的一件事，就是她墳前的無字碑，別的皇帝巴不得寫滿功績，而武則天活完一生的精采，最後選擇了沉默。

七、唐玄宗的拋物線

──從英明神武，到慘不忍睹

中國幾千年封建王朝，唐朝是毋庸置疑的巔峰，這個巔峰的頂點，是一個無敵的男人：

唐玄宗李隆基

　　唐玄宗在位四十五年，是唐朝在位最久的皇帝。四十五年間發生了許多故事，可是一個身處頂點的男人，人生軌跡其實很簡潔，就是一條拋物線：

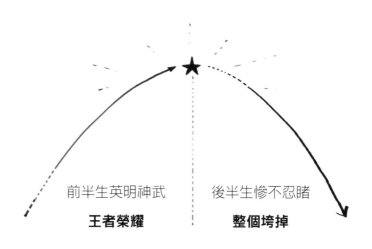

前半生英明神武　　　後半生慘不忍睹

王者榮耀　　　　　**整個垮掉**

前半輩子唐玄宗雄才大略、勵精圖治，
幾乎用光了所有的優點，才把大唐帝國送上了巔峰，

而後半輩子一夜回到了解放前 ❶，
靠的就一個字：

瞎。

我們先看唐玄宗燦爛的前半輩子。

一、雄才大略，光復李唐

在中國，鬥天鬥地那都不算什麼，一個人想要變成真正厲害的
漢子——

唐玄宗就是在和中國大媽的鬥爭中成長起來的。

我們上回說到武則天，最終把皇位還給了李家，但武則天傳奇已經給女性帶來了巨大的鼓舞：

婦女能頂半邊天！
我就能撐一整……

　　對不起，放錯圖了。

婦女能頂半邊天！
我就能撐一整天！

這個時候局勢是這樣的，武則天有（剩下）三個子女：

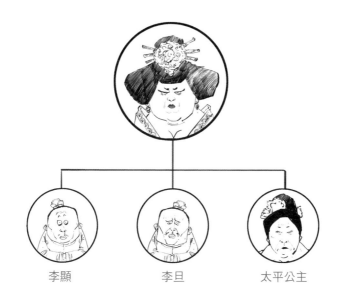

努力！
奮鬥！

其中皇位就傳給了李顯。

李顯是個不成器的廢貨，偏偏他老婆**韋皇后**是個很有上進心的女人，她第一個受到強勢婆婆的鼓舞，滿腦子就想當女皇帝。

但她腦容量不高，夢想一大，就壓迫到了智商：

武則天苦心經營幾十年才小心翼翼地當上皇帝，韋皇后覺得這樣太慢，要學人家玩什麼——

天下功夫，唯快不破！

要命的是她還有一個更加愚蠢的女兒**安樂公主**，兩母女一商量，直接把老公給毒死了。

哦耶！

死了死了！

安樂公主遺傳了她娘小小的腦子和大大的夢想，她想著媽媽如果當上皇帝，自己就是下一個女皇帝。

結果步子邁大了，扯到了**李旦**。

不過不是李旦本人，
是李旦的兒子——
李隆基。

李旦的兒子，學名李隆基，
但道上的兄弟都喊他**旦生**。

李隆基帶著小弟輕輕鬆鬆地把韋皇后和安樂公主砍死，

然後意思意思地讓他爹李旦當了皇帝。

而李旦也意思意思地當了幾年皇帝，正要傳位給李隆基——

然後，又一個大媽出現了！

這就是李旦的妹妹——

太平公主

太平公主是武則天最能幹、最有野心的女兒，當不上皇帝也得把控朝政，可是李隆基太精明，不好控制，於是她想乾脆弄死這個姪子，

結果李隆基勇敢地先下手為強，幹掉了太平公主。

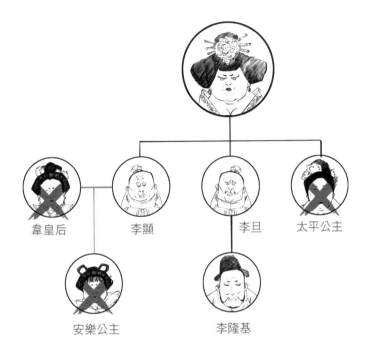

在把自己的**大娘**、**姐姐**和**姑姑**從家族裡清除之後，李隆基被譽為史上最佳**婦女殺手**。最後，華麗變身**唐玄宗**。

二、勵精圖治，隊友全靠譜

鬥完中國大媽們，唐玄宗躊躇滿志，把年號改成**開元**，意思就是——

大家扶穩坐好，
我要開動了！

要在歷史巔峰當皇帝，光是能鬥大媽還不夠，治理國家靠的是強大的團隊，這時候他又證明了自己是一個非常**識相**的皇帝。

唐朝的宰相特別多，這時候的唐玄宗知人善任，他身邊所有的宰相都是清一色的治國小能手，比如：

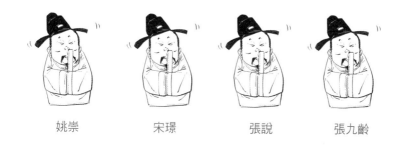

姚崇　　　　宋璟　　　　張說　　　　張九齡

這些神隊友輪番上陣，花樣炫技，幫助唐玄宗把大唐帝國推到了軍事、文化、政治、經濟全面強盛的頂點，這就是著名的**開元盛世**。

尤其是**張九齡**，有才有品，直言敢諫，開山修路，對國家基礎建設貢獻相當大，是有名的賢相。

賢到啥程度呢？據說他死了之後，只要有人給唐玄宗推薦新人，他都要問一句：**有九齡那麼靠譜嗎？**

張九齡眼光還很毒，有個將軍打了敗仗，論罪當誅，他一看這貨就不是好東西，堅持讓唐玄宗判他死刑。

可是唐玄宗沒聽他的話，最後選擇了原諒。這個將軍叫**安祿山**。

以張九齡剛正不阿的秉性，
混子哥猜測他可能當面罵過皇帝：
「你聾子嗎？」
可是一定沒什麼效果，
因為張九齡是廣東人。

對啊，幹啥？

李隆基嗎 ❷ ？

這時候的大唐帝國，一切都是最美的。

美到唐玄宗覺得自己功德圓滿，該享受生活了，不用開元了，
於是把年號改成了**天寶**。

這一改，就把自己改進了慘不忍睹的後半輩子。

──────── 唐玄宗悲催的分隔線 ────────

三、一不小心眼瞎，人生崩成渣渣

從開元到天寶，不僅年號變了，唐玄宗的人生也終於走到了拐點❸，開始縱情享樂。

大唐帝國也開始跟著崩塌。

應該說，李隆基還是很有個人魅力的，因為所有人都愛他，不分貴賤。當他想要大唐榮耀的時候，就有貴人相助；當他想要敗家的時候，就會跑來一幫賤人……

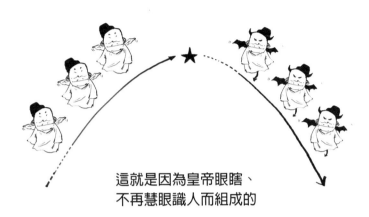

這就是因為皇帝眼瞎、
不再慧眼識人而組成的

大唐爆破三人組：

首先得有顆雷	還得有人負責埋雷	最後還有人負責踩雷

節度使安祿山	宰相李林甫	宰相楊國忠

故事是這樣的：

張九齡被稱為唐玄宗的最後一個賢相，因為在他之前，所有的宰相都是神助攻，而之後的全是豬隊友，第一個就是**李林甫**。

歷史上所有爛宰相都有一個共同點：**缺愛**。

皇帝只能寵他一個，他們就像那些永遠長不大的孩子，人生信條都是：

真相只有一個！

李林甫別的爛事咱們就不提了，重點說最爛的一件：

他慫恿皇帝，讓胡人當了**節度使**。

啥是節度使？

唐朝早年間，經常對外打仗，後來不怎麼出去打了，怕別的國家來報復，於是在邊疆各處安排重兵防守，最後就變成一個個大軍區。

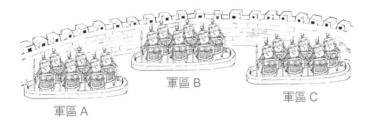

軍區 A　軍區 B　軍區 C

　　皇帝派人去當這種軍區領導的時候，會給他兩根帶旗的棍子，叫**旌節**，用來節制調度。這就叫**節度使**。

誰不聽話，就拿這個捅他！

看到沒，就這麼捅！

　　這個職位權力特別大，特別重要。當過節度使的人，是可以當宰相的。

這種邊疆軍區兵特別多，調度起來很複雜，離朝廷又遠，有點急事根本來不及向皇帝彙報，全靠節度使自行決斷，所以權力老大了，基本上可以說是邊疆的**小皇帝**。

這時候李林甫出場了，他跟唐玄宗說：

唐朝是多民族融合，漢人胡人一起工作生活，但胡人一般不精通漢文化，當了節度使，也升不了宰相。李林甫的小心機，就是為了避免宰相多了跟他爭寵。

結果唐玄宗說：好的，就這麼辦。

本來只要一顆紅心，誰當節度使都一樣，可是碰到那種人胡心也胡的，事情就大了。

有一個胡人深得玄宗喜愛，兼任了三個軍區的節度使，也就是說，他手裡掌握著三個巨大的軍團。

這個人就是當年張九齡
要砍死，但被唐玄宗給留下
來的**安祿山**。

爸爸，爸爸！

安祿山打仗的本事不咋的，但他有一
個致命的優點：

胖

他利用這個優點，把自己打造成一個人畜無害的萌物，加上渾然天成的拍馬
屁大法，把唐玄宗哄得渾身舒坦，從此一路高升，終於從基層幹到了節度使。

據說他一身肥膘❺，走路都難，
卻可以翩翩起舞，這就讓唐玄宗
更加喜愛這個靈活的死胖子了。

我要帶你，肥到天上去……

當時的唐帝國，兵力配置大概是這樣的：

邊疆　　　　　　中央　　　　　　邊疆

首都的兵力又少又弱，邊疆精兵強將扎堆，關鍵還多數掌握在安祿山這樣的胡人手上，你說你害怕不？

李林甫一個小心機，給大唐埋下一顆巨大的雷，然後愉快地當完宰相，撒手而去了。

唐玄宗在天寶年間吃喝玩樂，看到兒子有個漂亮的老婆，就提議幫他暫時保管著，這個兒媳婦，就是後來的**楊貴妃**。

傳說楊貴妃也是個胖子，
號稱大唐小肥楊，
同樣也是舞林高手，
皇帝愛她愛得不得了。

通過安祿山和楊貴妃這兩個人生贏家，混子哥要告訴大家的是──

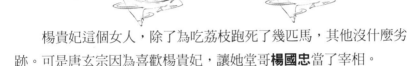

死心吧，
人家都跳成這樣了，
依然還是胖子。

楊貴妃這個女人，除了為吃荔枝跑死了幾匹馬，其他沒什麼劣跡。可是唐玄宗因為喜歡楊貴妃，讓她堂哥**楊國忠**當了宰相。

結果楊國忠跟他的前任李林甫一個德性：皇帝只能愛他一個。

而且他看誰在皇帝面前比較紅，他就要想辦法把人家壓下去。

這時候誰比較紅呢？

靈活的死胖子安祿山啊！

你看，豬隊友扎堆，自己就鉚上了，踩雷這事，都不用皇帝親自動腳。

楊國忠嫉妒安祿山的地位，老在唐玄宗面前說他壞話：

終於有一天安祿山爆發了，帶著部隊抄傢伙就往皇宮趕，說要幫皇帝鏟除小人。

這時候唐玄宗才醒悟過來，安祿山萌萌的五花肉下，包的是一顆要造反的禍心。

　　安祿山還有個小弟叫**史思明**，跟著他一塊搞事，著名的**安史之亂**終於爆發了。

安史叛亂，唐玄宗的皇帝生涯基本上就走到了頭。它雖然沒有終結大唐王朝，但萬人敬仰的大唐榮耀從此坍塌，一去不返。

唐玄宗李隆基，又稱**至道大聖大明孝皇帝**。到了清朝，康熙皇帝叫玄燁，「玄」字不讓隨便喊，這叫避諱，所以自那時候起，大家多喊唐玄宗叫**唐明皇**。

八、大唐就這麼掛了

——藩鎮不聽話，太監當老大

上一章說到，唐玄宗自從登上歷史的巔峰，立刻就放飛自我，變成了一個油膩的中年男人，從此上班只想泡楊妞，工作全靠豬隊友，等到安祿山忽然造反，

他才意識到：

原來野豬也是豬啊！

安祿山當節度使的時候，打仗軟趴趴，造起反來卻忽然變成了硬貨，一下子就衝到長安城皇宮裡去了。

唐玄宗沒辦法，只能趕緊帶著宰相楊國忠，當然還要帶老婆孩子，跑去成都逃難。

和我在成都的街上走一走，喔哦——
直到啃完了錦里的兔頭——再去龍抄手❷——

走到半路一個叫馬嵬坡的地方，身邊的保鑣（禁軍）越想越不對勁：說好工作地點在首都，一輩子羊肉泡饃，

怎麼變成三大炮❸了！

大家覺得這事都怪楊國忠，惹什麼安祿山，於是一衝動，把他砍死了。

砍死楊國忠，大家意猶未盡，怕他妹妹以後報仇，順便就逼唐玄宗下令把楊貴妃勒死了。

妹妹，哥對不住你，讓妳來買單了。

哥哥，別這麼說，這種情況叫湊單。

這就是楊貴妃的悲劇故事。

姑娘們都聽明白了嗎？
老公跟小姨子跑路不要緊，

他跟大舅子跑路才是最要命的！

唐玄宗逃難這一路，不光老婆沒了，連工作都丟了：他兒子看老爹玩大了，趕緊把老頭擼下來，自己臨時登基，這就是**唐肅宗**。

爸比別怕，讓我來！

哎哎！

一代傳奇唐明皇，就這麼半路變成了太上皇，從此住進老幹部活動中心，再無作為。

從唐肅宗開始，唐朝再也沒出現過不得了的皇帝，所以之後的皇帝我們只隨歷史事件略為提及，不單獨介紹。

十元三斤
恕不零售

代宗、德宗、順宗、憲宗、穆宗、敬宗、文宗、武宗……
集體批發中……

新皇帝上馬，小夥伴們紛紛前來幫忙打怪，有專業人士**郭子儀**、**李光弼**，還有**回紇**的民族友人，甚至文化界的大 V **顏真卿**，也跑來打叛徒。

在社會各界人士正義的圈兒踢❹之下，安、史二人漸漸扛不住了，終於迎來了致命的一擊。

混子哥保證，離開了搜索，打死你也猜不到，安、史二人都死於男性健康的第一大殺手：

帶娃

安祿山之子　史思明之子
安慶緒　　　**史朝義**

安祿山和史思明在外打仗，都帶著自己的兒子們。**安祿山**因為更喜歡小兒子，被二兒子**安慶緒**殺了；然後**史思明**殺了安慶緒，又因為同樣的原因，被兒子**史朝義**殺了。流程大概是這樣：

安祿山 & 史思明，
齊刷刷死在自己兒子手裡。

男人要是不善於處理親子關係，就要多走心，少走腎，生太多了有生命危險。歷史上能把一群熊娃帶大還不傷身體的男人，只有一個：

但你們就別想了，
人家能取得這種成績，

因為一家都是植物人❺。

　　整個安史集團，就剩下一個小弱雞**史朝義**，安史之亂終於被平息，大唐就這麼成了「吃雞」的贏家。

到這裡我們會發現，唐玄宗絕對是個付費玩家，但無奈操作太渣。他一輩子樹敵眾多，可是**前半輩子全是女人，後半輩子全是男人**。

最後結果就是
同性相斥

當年韋皇后和太平公主因為不對
付 ❻，結果都被擼了；如今安史
集團裡，連父子都是要互毆的。

男女搭配
才能輕鬆活到片尾

安史畢竟沒有雄才大略，這樣的人造反，純屬玩票。

可是這次玩票，給大唐高傲的腦袋上猛砸了一錘子，砸出來兩大嚴重的後遺症：

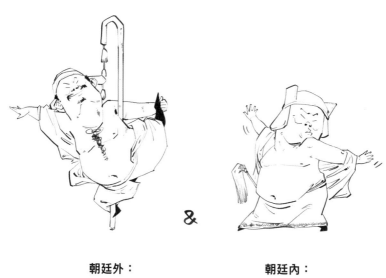

朝廷外：

藩鎮不聽話

朝廷內：

太監當老大

他們全方位無死角地困擾著大唐整個後半輩子。

一、藩鎮

每個節度使都有自己的地盤，在那裡不用聽皇帝的，節度使自己說了算。

這個快活的地方，就叫**藩鎮**。

來呀，快活啊！藩鎮有大把時光！

　　節度使權力太大，於是安祿山造反了，結果皇帝的辦法是，任命了更多節度使去對付叛徒。

除此之外，安史集團裡投降的小頭目，朝廷怕他們再鬧事，不敢處理，竟然也都讓他們當了節度使。

節度使越來越多，安史之亂以前，藩鎮都在邊疆，而安史之亂之後，全國到處都是藩鎮。

　　藩鎮越來越多，實力越來越強，朝廷就越來越屄。

　　結果就是全國各地，一言不合就造反：

比如有些節度使蹬鼻子上臉，跟朝廷說：「大哥，我這地盤能世襲不？」朝廷說：「能個錘子！」結果人家造反……

然後朝廷派部隊去鎮壓，結果因為工資太低，造反……

皇帝嚇得逃出了皇宮，等被人救回皇宮，救駕的人覺得自己太厲害了，造反……

再比如，某個藩鎮吃飽了飯沒事幹，想問朝廷再要一塊地盤，造反……

皇帝打不過，拿他沒辦法，結果被其他藩鎮看到了，一起造反……

　　唐朝後期，朝廷基本上都在應付各種叛亂，雖然每一次造反都不致命，但是常年這麼消耗，根本吃不消。

　　當然了，不是每個皇帝都這麼軟，偶爾也有硬氣的，比如唐憲宗，他就把藩鎮整得服服貼貼。

唐憲宗很有本事，他是個削藩小能手，那幾年朝廷相當有威信。

　　可惜好局面沒持續幾年，因為唐憲宗掛了。

　　據說是被太監弄死的。

二、太監

自從東漢末年以後，太監幾百年沒牛氣過了，但到了唐朝中後期⋯⋯

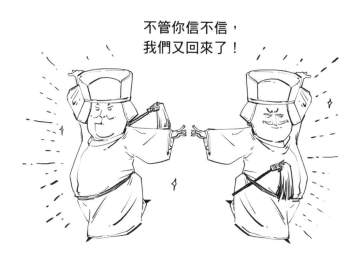

不管你信不信，
我們又回來了！

剛才那位發工資太少被造反的皇帝，叫唐德宗，他後來進行了深刻的自我反省，覺得問題出在：

兵權都給了武將！

　　這些糙漢子有那麼多槍桿子，所以沒事就蠢蠢欲動，於是他當即決定，要把一部分兵權交給那些不那麼糙的漢子——太監。

　　於是大唐王朝出現了太監帶兵的奇景，他們成了史上最具殺傷力的太監。

太監們一般都很自卑，手上忽然有了軍隊，瞬間感覺自己又完整了，於是信心爆棚，在宮裡作威作福，從此成為朝廷的心腹大患。

他們權力越來越大，最後連皇帝也不放在眼裡，心情不好就把皇帝擼下來，擼不下來就弄死，然後換一個上去。

這就是中國歷史上第二次**太監時代**。

德宗之後，幾乎每個皇帝都計畫著收回兵權，可是權力這東西，給出去了，再想要回來……

這不跟再閹他們一次一樣嗎？

於是唐朝中期開始，所有皇帝，包括被太監扶起來的皇帝，心中都有一個夢想：打太監。

比如唐文宗時期，幾個大臣密謀幫皇帝打太監，他們設好埋伏，然後把大太監找來，跟他說：

可是他們忽略了一件事，有缺憾的男人，是脆弱而敏感的……

計畫就這麼敗露了，大太監趕緊喊來了自己的部隊，把大臣們反殺了個乾淨。

這就是著名的**甘露之變**。

經歷過這種事情之後，太監們就更加肆無忌憚了。

藩鎮在外，太監在內，另外還有一撥缺心眼的公務員，他們不想著幫朝廷分憂，還整天添亂。

比如一個姓牛的和一個姓李的，拉幫結派搞內鬥。

這就是非常鬧心的**牛李黨爭**。

以上就是唐朝後期的幾大麻煩，雖然個個都不省心，但就在大家都覺得還能湊合著過的時候……

請注意，每一個偉大的朝代活到最後要死不死，總會有一群人出來，活躍一下尷尬的氣氛，比如漢朝的黃巾起義和唐朝的——

黃巢起義

唐末苛捐雜稅很重，又碰上大旱，有個叫黃巢的，科舉沒考上，就帶著大家造反。

考不上大學，不代表沒文化──

　　　待到秋來九月八，我花開後百花殺。
　　　沖天香陣透長安，滿城盡帶黃金甲。

這首寫菊花的詩就是黃巢的作品，詩沒聽過，電影總看過吧。

不過結果跟黃巾起義一樣，黃巢也是來送經驗的，起義沒成功，但是為了鎮壓他，皇帝又任命了一大堆節度使。

與此同時，朝廷裡的皇帝帶著大臣們還在和太監們互毆。

有一天兩邊都發現，光靠自己不行啊，外面那麼多厲害的節度使，挑一個來組團多好啊！

　　於是各自選擇了當時最厲害的兩個節度使：太監們選擇了**李茂貞**，大臣們選擇了**朱溫**。

李茂貞	朱溫
打黃巢時立了功，朝廷一高興，給他當了節度使。	黃巢的小弟，跑來投降，朝廷又一高興，讓他當了節度使。

　　黃巢這個攪屎棍，自己的事沒辦成，倒把**藩鎮**和**太監**兩大禍害攪到一塊了。

　　最後的結果是，**朱溫**完勝李茂貞，拯救了皇帝。

歷史的潛規則：保護皇帝的，往往就是朝代的終結者。果然沒過多久，朱溫就把最後一個皇帝擼了下來，接著建了個新的國家，叫**梁**，史稱「後梁」。

這就是**朱溫篡唐**。

　　其他節度使看朱溫自己當了皇帝，紛紛獨立。輝煌到不可一世的大唐王朝，就這麼沒了，變成了一堆小國家。

九、大唐盛世番外篇（一）

——大唐長安城，怎麼這麼大！

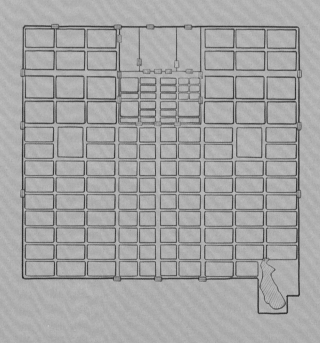

　　大唐大唐，什麼都要大，這樣才能充分體現天朝上國宏偉的氣勢。

　　比如——

大頭大頭，
下雨不愁！

不好意思，
拿錯圖了。

我們要舉的例子是——**大唐長安城**，突出一個大！

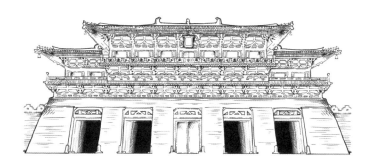

同時期拜占庭帝國的首都君士坦丁堡，可以說是歐洲的大城市了。

唐長安城差不多是它的七倍。

這才夠大！

當時長安城的主幹道朱雀大街，比現在的北京長安街還要寬，寬到什麼程度？

換算成現在的公路車道，朱雀大街最寬的部分有四十多線車道……當時長安的馬脖子都是歪的，為什麼呢？

我去，拐啦！

拐個彎變道幾十次，是你你也歪！

這麼大的長安城，是怎麼建起來的？當時的人們又是怎麼生活的呢？下面咱們就來挖一挖。

提起唐長安城，我們要先表彰一個人，他辛苦一輩子，照亮別人家，堪稱感動大唐十大人物之首，他就是——楊·白勞·堅。

別提這事了，一提就心煩！

楊堅當年建立了隋朝，要找個地方當首都，本來漢代遺留下來的長安城裝修裝修也能湊合用，但是節儉的楊堅還是決定奢侈一把，建個新的。

這是為啥呢？

大家當然都喜歡新房了，除此之外還有一個很重要的原因，那就是漢代長安城都用了八百年了，水汙染太嚴重。

有記載說當時舊長安城「水皆鹹鹵，不甚宜人」，意思就是八百年來人們新陳代謝的各種產物（請勿想像）滲下去，地下水都成大滷湯了。

於是楊堅就在漢代長安城旁邊選了一塊乾淨的風水寶地興建了大興城，總工程師是號稱「只有你想不到沒有我造不出來」的——宇文‧哆啦 A 夢‧愷。

宇文愷接到這個大工程之後，跑過去一看地形——

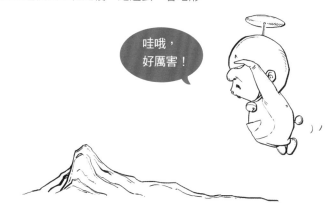

原來他發現這地方風水好得不得了，有六個坡，正好跟《易經》裡的乾卦類似。

乾卦是《易經》六十四卦的第一卦，「乾」象徵著天，所以說這地方簡直不能再合適了。

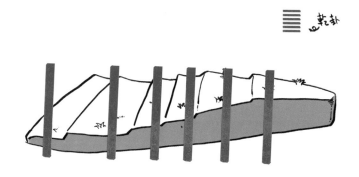

選好了地方，那就擼袖子開始幹吧！

於是大興城就在這六個坡上建起來了。

隋大興城平面圖

只可惜楊堅費了這麼大勁蓋的豪宅，結果還沒住幾天就讓兒子給敗光了。

　　老李家進了城，又把大興城的名字改成了長安，並且不斷翻修，這就是我們所說的唐長安城了。

唐長安城基本上就是在隋大興城的基礎上翻新起來的，我們可以看出來，最主要的變化就是這兩個地方。

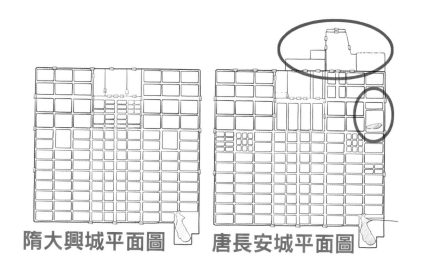

隋大興城平面圖　唐長安城平面圖

那這兩地方是咋回事呢？
下面我們就來挖一挖。

　　李世民奪得皇位之後，李淵就只能悶在小院子養老。一到夏天又熱又潮，李世民為了表孝心，建了一座新宮殿給李淵避暑，這就是**永安宮**。

不過還沒建成，李淵就去世了，不知道去世的時候李淵會不會更加懷念他的大兒子。

後來唐高宗李治即位，這貨是個病秧子❶，得了風溼病，於是就在永安宮的基礎上重新建造皇宮，

這就是赫赫有名的──

大明宮

自此以後，唐朝的皇室就遷居到了大明宮，這裡就成了李治和武則天玩耍的地方。

等到唐玄宗李隆基當了皇帝，又把自己當年當王爺時候的宅邸翻修了一遍，這就是——

興慶宮

在他的那個時代，興慶宮又成了統治中心。

最早的**太極宮**，再加上後來修建的**大明宮**和**興慶宮**，被稱為**長安三大內**，代表了大唐巔峰時期的三個統治中心。

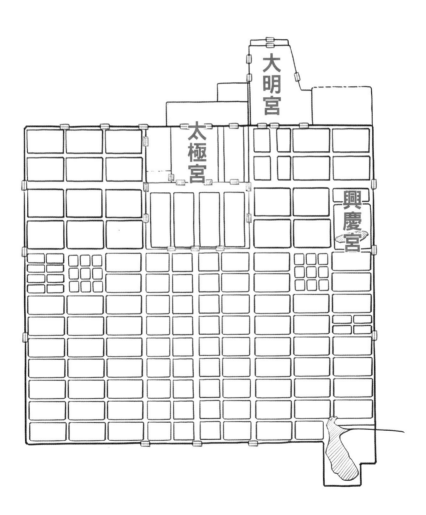

　　你發現沒有？這皇宮雖然挪來挪去的，但是基本上都在東邊，所以日子久了，長安城就形成了東邊都是大官土豪、西邊都是平民老百姓的局面。

相對應地，長安有兩個商業中心，東邊的叫**東市**，西邊的叫**西市**。

因為東邊住的多是大官和有錢人，所以東市賣的奢侈品比較多，畢竟李世民自己就是有名的愛好者。

　　西市就接地氣❷多了，柴米油鹽醬醋茶什麼都賣，而且這地方還是個國際自由貿易區，胡人商販特別多，是海淘黨❸逛街的不二選擇，所以又叫做「金市」。

　　這裡還有好多的胡人酒肆，能歌善舞的西域妹子陪人喝酒，比如大詩人李白就是這裡的常客，沒事就來喝酒找靈感。

當時長安的東、西市非常繁榮，外賣業務也非常發達，幾百人的酒席也能當日下單立即辦理。

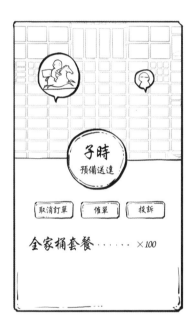

關於「東西」這個詞的由來，其中有一種說法就是從「東市、西市」這裡來的，因為這兩個地方啥都能買到，所以就有了「買東西」這個詞。

　　雖然東、西市確實很繁榮，但是你可別以為唐長安城是個多麼適合做買賣的地方，你想去街邊開個小賣鋪發家致富，那是不可能的，因為當時長安城實行的是**里坊制**。

啥叫里坊制？

一種城市規畫和管理的制度。

　　秦漢時代之前，城市實行**閭里制**，就是簡單粗暴地把貴族和一般老百姓區分開，一邊叫國宅，一邊叫閭里。

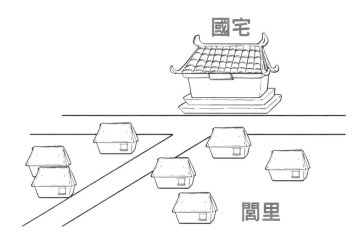

老百姓住的地方沒什麼規畫，比較散。

　　後來城市裡人口越來越多，幹啥的都有，為了便於管理，不讓他們亂跑，就出現了**里坊制**。

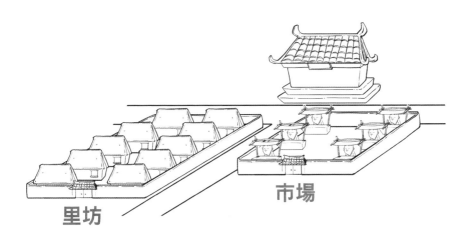

里坊

市場

居民區和市場都被圍牆分別圈起來了，定時開關。這叫市坊分離。

再後來做買賣的人越來越多，大家覺得這樣做生意實在是太不方便了，皇帝也覺得這樣不好玩，於是到了北宋時期牆被拆掉了，里坊制被徹底打破，大家可以一起愉快地玩耍了。這就是**街巷制**。

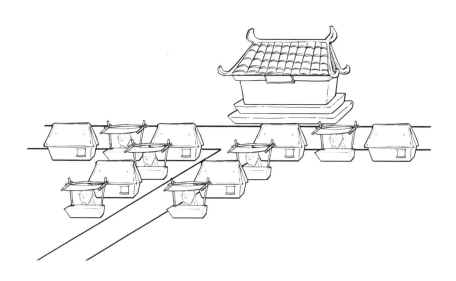

城市規畫的演變是個非常複雜又有趣的過程，這裡只是粗暴地簡述了一下，這個事情我們有機會單聊。

唐代是**里坊制**的頂峰，全城有一百多個里坊，一個里坊就是一個大型居民區，全封閉式管理。

所以這麼老大的地方，沒事就別亂跑了，公交❹地鐵都沒有，更別提什麼滴滴❺馬車之類的東西了，你白天出個門，晚上搞不好都回不了家。

　　而且更關鍵的是，如果你晚上沒回家的話就慘了，不等你老婆叫你，直接就被巡邏隊給拘留了。

　　因為唐朝那時候還沒有後來那麼開放，夜生活很不自由，一到晚上全城關閉，各回各家，不許在大街上瞎溜達，這叫**宵禁制**。

那時候的宵禁主要指的是各個小區之間不讓亂竄，但是在小區內部，後來就睜一隻眼閉一隻眼了。

當時長安最大的紅燈區叫**平康坊**，你想去那邊玩的話就早點去，別等宵禁給你關外邊就行了。

不過宵禁也有特例，那就是元宵節放三天假，晚上可以出來看花燈，想要邂逅霸道總裁或者千金小姐的話，這就是天賜良機。

比如《大明宮詞》中的太平公主，就是在元宵燈節的那個夜晚，遇到了她摯愛的人……

但是有繁榮就有衰落，長安城的繁榮和大唐王朝的鼎盛是分不開的。等到安史之亂之後，大唐一天不如一天，長安城也就慢慢衰落下來，最後在連年兵亂中被逐漸廢棄。

二十世紀末，通過考古發掘，逐步弄清了唐長安城的本來面貌，如何保護現有的這些文化遺產成為新的課題，需要我們這些後人去好好努力。

考古工地原則：
不下雨，不放假，
臉曬黑，腿蹲麻。

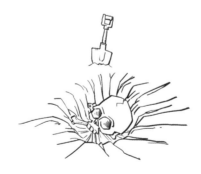

十、大唐盛世番外篇（二）

—— 原來李白是個心機男

如果要評選學習生涯最陰魂不散的，那非古詩莫屬，從幼兒園到高中，動不動就要——

這其中有些詩人，出場率賊高。

寫詩就跟發微博似的，走到哪寫到哪，還總問我們：

拜託……

他們是誰？

從哪裡來？

要到哪裡去？

？？？？

我咋會知道？

跟我有啥關係？

　　但考試總要參加，分又不能不拿。本章我們來講一位最熟悉的古詩背後，最陌生的詩人，他就是——

我和我的劍到此一遊。

不好意思，放錯圖了，是這位──

我們都知道李白是唐朝詩人，所以講他之前，得先復習一下大唐歷史，也就是李白生活的時代。

請大家扶好坐穩，我們將以三十二萬倍快進，如出現跟不上節奏等不適症狀，請回到本書第五章重新看一遍大唐歷史。

　　大唐開國後，李世民發動玄武門之變，幹掉了他的兩個兄弟，當上了皇帝。

　　李世民當上皇帝後，特別熱愛工作，唐朝國力噌噌上漲，他也就成了一代明君。

　　因為李世民的榜樣力量，每任君主也都特別熱愛工作。到了他的曾孫唐玄宗李隆基那一代，唐朝的國力達到了頂峰。

　　但是晚年的李隆基變成了一條鹹魚，成天只知道跟楊貴妃享樂。最後軍區司令安祿山發動叛亂，盛唐一下就完蛋了，進入衰退期。

如果要用一句話概括唐朝，那一定是：

像坐雲霄飛車一樣酸爽！

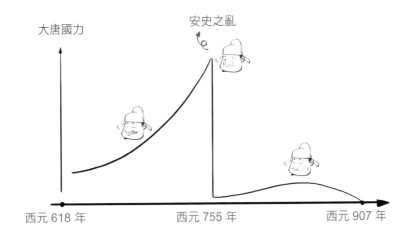

但李白的運氣很好，一生中大部分的時間都在盛唐時代快活。

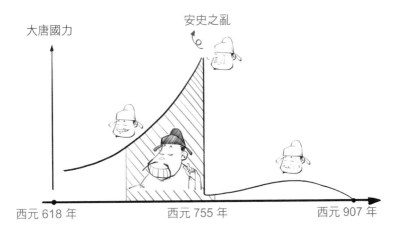

　　不過其實李白的人生理想不是當個詩人，他有更遠大的抱負。如果要用一句話概括李白的一生，借用一句外國友人的名言來說就是：

I have a dream.

　　用李白自己的話說，這叫：

奮其智能，願為輔弼。
使寰區大定，海縣清一。
——〈代壽山答孟少府移文書〉

翻譯成白話文就是：

當大官，做大事。
齊家治國平天下。

他不是蔑視
權貴嗎？

可能是因為他
自己沒當上吧。

那麼，李白的一生是怎麼追夢的？後來又
是怎麼變成一個網紅詩人的呢？
咱們下面就來跟大家聊一聊李白的人生。

李白算是個富二代，五歲時隨父前往四川生活。

他從小就讀了很多書，但是俗話說「讀萬卷書，行萬里路」，所以十五歲的李白就開啟了驢友❶生涯。

> 世界那麼大，
> 我想去看看。

剛開始是省內遊，但四川小了點，於是李白在二十五歲那一年，衝出四川走向全國。此後的一生，他走遍了大江南北，進階為大師級驢友。

只會傻玩、拍照、寫「到此一遊」的驢友太低級了，李白高級就高級在——他到哪都會寫遊記。

渡遠荊門外，來從楚國遊。
山隨平野盡，江入大荒流。
月下飛天鏡，雲生結海樓。
仍憐故鄉水，萬里送行舟。
——〈渡荊門送別〉

光寫遊記還不夠，偶爾還要搞點文藝範❷，四十五度角仰望星空默默流淚，這才叫文藝青年。

比如，他出門太久，睡前總思鄉，於是寫下了——

床前明月光，疑是地上霜。
舉頭望明月，低頭思故鄉。
——〈靜夜思〉

雖然一直在玩樂，李白卻從未忘記自己的夢想。

他一直都在尋找機會去當官。

而在當時想要當官，主要有兩種方式：

科舉

被舉薦

據說李白的老爸是商人，因此他不能夠參加科舉。不管真相怎麼樣，李白一生確實沒參加過科舉考試。

　　總之，李白選擇了被舉薦。而想要被舉薦為官，在那個時代，方式主要有兩種：

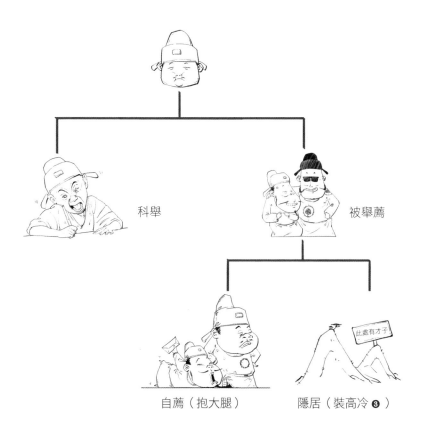

套路一：自薦

那時，自薦被稱為干謁，就是寫自薦信吹吹自己有多牛。
但是像李白這麼清高的人，怎麼會寫這種信呢？

不過事實是，他寫了很多封這種信……

不過可惜的是，他寫了這麼多自薦信，都沒得到什麼回信……

套路二：隱居

除了寫自薦信之外，還有一種辦法就是隱居。

翻譯成人話，就是躲起來裝高冷。

在那個時代，人們普遍認為高人都是隱居深山的，要是沒在哪個山溝裡面隱居過幾年，出門都不好意思跟人打招呼。

但是如果你真的隱居了，躲在一個沒人知道的山溝裡面自娛自樂，那就傻了。真正有技術含量的隱居是：所有人都知道你隱居，卻又不知道你的底細。

別找了，
我隱居了！

所以這是古人的一種炒作方式，說是隱居，其實還是要讓自己出名。李白這麼時髦的人，當然也不會錯過這種事，他在漫遊的過程中，沒事就找個山溝隱居一段時間。

咱們說過，光隱居是不行的，還得炒作。李白炒作的方式就是寫詩。光寫還不行，還得發朋友圈❹，發微博，各種平臺各種發。

為了多漲粉❺，就得勤更新，於是李白使勁寫詩，流傳至今的差不多有一千首。

又因為常年隱居在深山老林裡，所以李白的山水詩特別多。

日照香爐生紫煙，遙看瀑布掛前川。
飛流直下三千尺，疑是銀河落九天。
——〈望廬山瀑布〉

但是光自己寫自己發還不夠，還得找一些大 V 來，沒事喝個
酒啥的，順便更個文，效果更佳。

故人西辭黃鶴樓，煙花三月下揚州。
孤帆遠影碧空盡，唯見長江天際流。
——〈黃鶴樓送孟浩然之廣陵〉

　　從十五歲一直到四十二歲，李白勤勤懇懇更文，辛辛苦苦攢粉絲，已經是個頂級網紅了。但是朝廷好像還是沒有讓他當大官的意思，心裡憋屈❻的李白把這些也全寫到詩裡面去了。

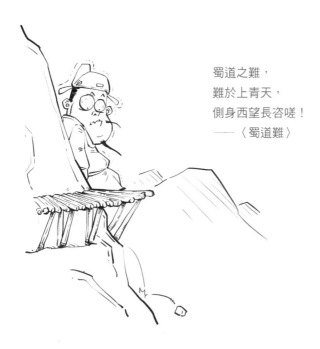

蜀道之難，
難於上青天，
側身西望長咨嗟！
　　──〈蜀道難〉

李白的山水詩和其他詩人的不同之處，在於他的詩有很強烈的情緒。這些都和他追求夢想而不得志息息相關。

就在李白覺得自己沒啥希望的時候，唐玄宗招他入朝為官。這
對於李白來說就好像老來得子似地，高興壞了，又寫了一首詩：

仰天大笑出門去，
我輩豈是蓬蒿人。
——〈南陵別兒童入京〉

但是唐玄宗找李白過來當官，純粹就是來娛樂的，沒事寫幾首
詩讚美一下太平盛世，再誇誇楊貴妃有多漂亮。

雲想衣裳花想容，
春風拂檻露華濃。
——〈清平調〉

這就把李白搞得很鬱悶──我是來治理國家的，結果你就把我當個吉祥物！

最後鬱鬱不得志的李白還被人排擠，把官也丟了。但是官可以不做，面子不能丟，李白臨走的時候還要吐槽一把：

安能摧眉折腰事權貴，
使我不得開心顏。
──〈夢遊天姥吟留別〉

晚年的李白離開了朝廷，繼續網紅兼驢友的生涯，他這時候的生活可以用一首兒歌來概括：

找呀找呀找朋友，找到一個好朋友，敬個禮呀握握手，你是我的好朋友，再見！

李白乘舟將欲行，
忽聞岸上踏歌聲。
桃花潭水深千尺，
不及汪倫送我情。
——〈贈汪倫〉

但是你以為李白就此放棄治國平天下的理想了嗎？

不！

李白始終都沒有放棄自己的理想，後來恰逢安史之亂爆發，他重新出山，加入了當時起兵平叛的永王麾下，成為謀士。

　　但是人生就是，每當你覺得充滿希望的時候，上帝就給你一巴掌。

　　因為朝廷上層的權力鬥爭，永王被認為是逆賊，李白因此受牽連，被發配到夜郎這個地方。

　　不過李白跟著永王，頂多也就算個馬仔，後來朝廷大赦天下，李白重獲自由，他沿江返回江陵，又寫了一首詩，表達重獲自由的愉悅：

　　　　　　　　朝辭白帝彩雲間，
　　　　　　　　千里江陵一日還。
　　　　　　　　兩岸猿聲啼不住，
　　　　　　　　輕舟已過萬重山。
　　　　　　　　──〈早發白帝城〉

這時候的李白歲數已經很大了，也折騰不起了。回到江陵之後兩年，李白病逝，一代詩仙就此殞落。

關於李白逝世的說法有很多，比如：喝酒太多、病逝、撈月亮掉水裡淹死。

混子哥版的李白人生小結：

從古到今，中國文壇群星閃耀，而李白則是其中最獨一無二的一個，他以飄逸灑脫的風格獨成一派，被稱為「詩仙」。杜甫稱李白的詩「白也詩無敵，飄然思不群」，可說是非常合適的讚詞了。

李白的一生像他的詩一樣，看起來充滿了灑脫不羈，但是細品之下，也不難發現，他的人生和他的詩都充滿了矛盾，灑脫之下掩藏的是他鬱鬱不得志的落寞和不甘。

我們已經無法得知李白最後離開人世的時候，到底是懷著一種怎樣的心情，但是他所留下的一篇篇千古名篇，已經足以使他名垂青史，成為中國璀璨文化中不可或缺的一顆明星。

有看有懂 ‧ 詞語小教室

一、南北朝裡多敗家——幾年換一風，歷史噌噌向前衝

1 老大難：這裡指難以解決的問題。

2 菜單：這裡指如電腦應用程式中的「功能表」或「選單」等，供使用者選擇的項目。

3 掐架：指不停地打架、吵架。

4 扯犢子：就是閒扯淡的意思。

5 噌噌：擬聲詞，行動快速的聲音。

6 親：「親愛的」（dear）的略稱，用來表示親暱，或稱呼朋友、客戶等。

7 開瓢：本意是葫蘆被打破，做成兩個盛水用的瓢。但因為我們的腦袋和葫蘆一樣圓圓的，所以現在被用來形容人的頭被打破。

8 光膀子：指人裸露著肩膀或是上半身。

9 BIU：擬聲詞，表示發射槍砲或箭矢時的聲音。

10 磕巴：指口吃的人。

11 嘮了一會嗑：指談天、閒聊。

12 三觀：指人生觀、世界觀、價值觀。

13 包了圓：把剩下的全部包下的意思。

二、隋朝二人傳——一人創業一人敗家，爺倆一對寶

1 金蟬子：《西遊記》中，唐三藏原為釋迦牟尼佛的二弟子金蟬子轉世。

2 賊：這裡指十分、非常的意思。

3 吭哧：這裡用作擬聲詞，呼吸重濁的聲音。

4 認個慫：認輸的意思。慫，音「ㄙㄨㄥˇ」，譏笑人軟弱無能。

5 他丫的：一種罵人的口頭禪。

6 反水：有反悔、跳槽、叛變等意。

三、隋唐英雄傳——一個皇帝倒下去，千萬草根站起來

1 浪裡個浪：逍遙快活的意思。

2 刷屏：就是洗版，指短時間內在聊天室、留言版、電子布告欄（BBS）等網路論壇上，發送大量重複或無意義的訊息。

3 瞧把你行的：指逞什麼能。

四、隋唐英雄外傳——學好數理化，不怕李元霸

1 龍傲天：指光靠主角威能就可殺遍四方的人。

2 兩百一十四公斤：現在最高級別男子抓舉的世界紀錄是兩百二十公斤，為喬治亞選手拉沙（Lasha Talakhadze）於二〇一七年所創。

3 散架：指東西的骨架散開。

五、貞觀開門紅——喜歡被打臉的唐太宗

1 哈喇子：指口水。

2 打醬油：網路用語，指不談公眾事務等敏感話題，凡事與我無關，相當於「路人」或是「跑龍套」。

3 馬仔：大哥手下的小弟。

4 捋：這裡音同「呂」，指用手指順著抹過去，使物體平順、光溜，引申有「整理」的意思。

5 扛把子：常寫做「扛霸子」，指一個團體的老大。

6 點背：指運氣不好、倒霉。

7 東八區：指比「格林威治平均時間」（Greenwich Mean Time, GMT）或「世界協調時間」（Coordinated Universal Time, UTC）快八小時的時區，臺灣、新加坡以及中國等都位處這個時區。

六、武則天升職記——三把火助攻，升天啦！

1 辣眼睛：形容看到某一事物讓眼睛感到難受

2 咣噹：擬聲詞，指因撞擊、震動而發出的聲音。咣，音同「光」。

3 元芳：指李元芳，中國電視劇《神探狄仁傑》中的虛構人物，為劇中狄仁傑的助手。由於劇中狄仁傑在斷案時常會徵詢李元芳的意見，網友於是惡搞臺詞「元芳，你怎麼看？」並戲稱為「元芳體」。

七、唐玄宗的拋物線——從英明神武，到慘不忍睹

1 一夜回到了解放前：指不慎出了差錯，所有的辛勞前功盡棄。

2 李隆基嗎：粵語「你聾子嗎」的發音近似普通話「李隆基嗎」。

3 拐點：泛指事物發展的趨勢開始產生重大改變的地方。

4 柯比：指 NBA 前洛杉磯湖人隊球員 Kobe Bryant。

5 肥膘：就是肥肉。

八、大唐就這麼掛了——藩鎮不聽話，太監當老大

1 大 V：指在社群網站上擁有眾多粉絲，而有廣大影響力的知名人士。

2 錦里的兔頭、龍抄手：錦里是位於中國四川成都市的一條歷史悠久的商店街，兔頭和龍抄手則是當地知名的傳統小吃。

3 三大炮：也是成都知名的傳統小吃。

4 圈兒踢：圍成一個圈圈一頓踢。

5 植物人：本頁角色都是中國卡通《葫蘆娃》裡的人物。七兄弟由葫蘆所生，這裡藉此一語雙關。

6 不對付：不對盤，彼此看不順眼。

九、大唐盛世番外篇（一）——大唐長安城，怎麼這麼大！

1 病秧子：指從小體弱多病或是長期患病的人。

2 接地氣：接近平民百姓的日常生活，反映他們的環境、願望與需求等。

3　海淘黨：指愛到國外購物的人。

4　公交：「公共交通」的簡稱，即供大眾使用的公共運輸系統。

5　滴滴：中國的叫車平臺。

十、大唐盛世番外篇（二）──原來李白是個心機男

1　驢友：指背包客，即背著背包長途自助旅遊的人。因為「旅」
　　與「驢」發音相近，驢子又以吃苦耐勞為人所熟知，所以有此
　　戲稱。

2　文藝範：大致上指行為舉措、穿衣風格等具有清新、獨特、恬靜，
　　時而還帶點多愁善感風格的人。

3　高冷：一般用來指人的個性孤高冷傲。

4　朋友圈：指網路社群平臺的分享互動。

5　漲粉：使粉絲增加。

6　憋屈：指委屈、氣悶難受的感覺。

Eurasian Publishing Group
圓神出版事業機構
用心與你對話・視野無限寬廣

究竟出版社
Athena Press

www.booklife.com.tw

reader@mail.eurasian.com.tw

歷史 070

半小時漫畫中國史3——隋唐盛世多風雲

作　　者／陳磊（二混子）
發 行 人／簡志忠
出 版 者／究竟出版社股份有限公司
地　　址／台北市南京東路四段50號6樓之1
電　　話／（02）2579-6600・2579-8800・2570-3939
傳　　真／（02）2579-0338・2577-3220・2570-3636
總 編 輯／陳秋月
副總編輯／賴良珠
責任編輯／蔡忠穎
校　　對／蔡忠穎・林雅萩
美術編輯／李家宜
行銷企畫／詹怡慧・陳禹伶
印務統籌／劉鳳剛・高榮祥
監　　印／高榮祥
排　　版／陳采淇
經 銷 商／叩應股份有限公司
郵撥帳號／18707239
法律顧問／圓神出版事業機構法律顧問　蕭雄淋律師
印　　刷／龍岡數位文化股份有限公司
2019年1月　初版
2023年11月　4刷

原書名：《半小時漫畫中國史》（第三集）
作者：陳磊（二混子）
本書中文繁體版由上海讀客圖書有限公司經光磊國際版權經紀有限公司授權
究竟出版社股份有限公司在全球（不包括中國大陸，包括臺灣、香港、澳門）
獨家出版、發行。

定價 320 元　　　　　ISBN 978-986-137-266-2

我一直認為，

一個人能把一門知識學到什麼程度，

關鍵取決於他到底有多感興趣。

大家都活在這個時代的移動互聯網和碎片時間中，

閱讀成為一種奢侈，

可是知識從來都是不可或缺的剛性需求，不是嗎？

───陳磊（二混子），「半小時漫畫中國史」系列〈總序〉

◆ **很喜歡這本書，很想要分享**

圓神書活網線上提供團購優惠，

或洽讀者服務部 02-2579-6600。

◆ **美好生活的提案家，期待為您服務**

圓神書活網 www.Booklife.com.tw

非會員歡迎體驗優惠，會員獨享累計福利！

國家圖書館出版品預行編目資料

半小時漫畫中國史3：隋唐盛世多風雲／陳磊　著. -- 初版. -- 臺北市：
究竟，2019.01
　　272 面；14.8×20.8公分 -- （歷史：70）

　　ISBN 978-986-137-266-2（平裝）
　　1.中國史　2.通俗史話　3.漫畫
610.9　　　　　　　　　　　　　　　　　　　107020513